基礎から学ぶ
やさしい心理統計

三輪　哲［監修］

実教出版

目 次

本書について

　心理学を学ぼうとしている皆さんのなかに，「統計を勉強しなければ
いけない」と言われ，「どうして統計を学ばなきゃいけないの？」と戸惑っ
ている人はいませんか？　実のところ，心理学では，研究をするために
データを扱う機会が多くあるのです。そして，データを処理し，分析す
るにあたって，心理統計を理解しておくことはとても重要になるのです。

　本書は，数字やコンピュータに苦手意識を持っている人にもわかりや
すくなるように，心理統計の基本をまとめたテキストです。数式の利用
を最小限にとどめ，コンピュータ操作の説明にも工夫を施しています。
各章の説明や分析例では，できるだけ心理学の内容に近いものを選ぶよ
うにしました。また，入門書でありながらも，心理統計教育の標準に則っ
た内容となるように構成し，心理学研究の現場で用いられている手法も
一部扱っています。

　使用している Excel のデータ，それを用いた解答例に加えて，練習問
題も，実教出版 WEB 内の本書のページへと掲載しています。本書を読
んだのちに，練習問題を解いていくことで，皆さんの実践的な力量はいっ
そう向上していくことでしょう。もちろん，皆さんが自身の研究や勉強
のために収集したデータを用いて，本書で解説した方法を適用して分析
していくことも可能となります。

　ぜひとも，本書を手始めとして学び，心理統計が皆さんの勉強・研究・
仕事にとって強力な武器となってくれることを願っております。

 本書側注欄に jikkyo contents の記号が出てきます。こ
この本文に該当する必要なデータを実教出版ホームペー
ジ https://www.jikkyo.co.jp に掲載しています。左の二次
元コードを読み取るなどし，活用してください。

1
Chapter

心理学の研究と統計

　心理統計について理解するためには，そもそも心理学がどのような学問であるのかを理解する必要がある。また，心理学において，統計学がどのように役立つのかということについても理解する必要がある。本章では，さまざまな領域の心理学について，具体的な例を交えて紹介する。さらに，心を数字でとらえるということについても紹介し，心の法則を解明するために，統計学がどのように役立つのかを具体的な例を交えて解説を行う。

1. 心理学って何？

　心理学とは，心の法則を科学的に検証する学問である。心理学の一般的な研究法の一つが統計学を用いる方法である。たとえば，アンケート調査や実験を通じて心の状態を数字に変換し，得られた数字を統計的に処理することで，どのような条件下で，どのような心の状態になるのかを科学的に検討し，心の法則を明らかにすることができる。

　心理学においては，さまざまな心の法則を対象として研究が進められている。それぞれの研究対象に応じて，知覚心理学，発達心理学，教育心理学，社会心理学，臨床心理学などの専門領域がある（図表 1-1）。

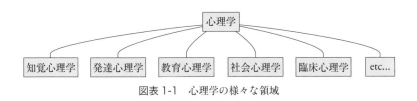

図表 1-1　心理学の様々な領域

　知覚心理学では，たとえば以下のミュラーリヤ錯視のような錯覚を生み出す刺激から知覚のメカニズムを検証する。図表 1-2 の左の図の青線と右の図の青線で，それぞれ青線の長さを報告してもらう。この時，多くの人が，左の図の青線を短く，右の図の青線を長く知覚することが知られている。このように，特定の刺激がどのような知覚を生み出すのかを検証することで，知覚のメカニズムを明らかにすることが可能となる。なお，左の図の青線よりも右の図の青線の方が長く知覚されることを科学的に検証するためには，統計学の手法が必要となる。

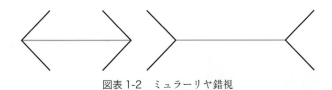

図表 1-2　ミュラーリヤ錯視

　次に，**発達心理学**では，人間の生涯にわたる心に関連する変化を対象として研究を行う。たとえば，子どもと大人の思考が異なることに着目し，思考が年を経るにつれて，どのように変化していくのかを検証する

ことが挙げられる。検証の方法はさまざまなやり方があるが，一例とし
て，赤ちゃん，子ども，大人を対象として，考える力が高ければ好成績
をとれるテストに取り組んでもらうことがある。このとき，赤ちゃん，
子ども，大人の間で，それぞれのテストの成績を比較すれば，赤ちゃん
よりも子ども，子どもよりも大人の考える力が高いことを示すことがで
きる。

　続いて，**教育心理学**では，教育領域において最適な学習方法やカリキュ
ラム，教師の訓練や教師と生徒の関係性などを対象として研究を行う。
たとえば，良い教育方法が生徒の特徴によって変わることを検証するこ
とが挙げられる。勉強が嫌いな A 君に対しては簡単な問題を題材とし，
勉強が好きな B 君に対しては応用的な問題を題材とすることが生徒の
学習を促進するかもしれない。

	勉強が好き	勉強が嫌い
簡単な問題	学習成果・低い	学習成果・高い
応用的な問題	学習成果・高い	学習成果・低い

図表 1-3　勉強の好き嫌いと問題の簡単さの組み合わせ

　このように，勉強の好き嫌いと題材とする問題の簡単さの組み合わせ
によって，生徒の学習成果を比較することで，生徒の特徴に合わせて良
い教育方法を示すことができる。

　続いて，**社会心理学**では，社会的な状況における人の気持ちや行動を
対象として研究を行う。たとえば，心拍数が上昇するスリリングな場所
と安心できる落ち着いた場所の 2 つを用意し，それぞれの場所で異性
に会った時に，魅力を感じる割合が異なることを検証することが挙げら
れる。あり得る可能性として，スリリングな場所で異性に会った場合は，
落ち着いた場所で異性に会った場合と比較して，異性により魅力を感じ
て，会った時に手渡された連絡先に後から連絡する人が多いかもしれな
い。このように，出会った場所によって，後から連絡が来る割合を比較
することで，スリリングな場所と落ち着いた場所が，異性に魅力を感じ
る度合いに与える影響を示すことができる。

　最後に，**臨床心理学**では，悩みや困りごとを抱える人の背景にある要
因や心の支援の仕方を対象として研究を行う。たとえば，他者に対する
敵意と心配事の多さの関連を検証することが挙げられる。この時，他者
に対する敵意や心配事の数を調査し，統計学の手法を用いて関連を調べ

ることで，他者に対する敵意が高い人ほど，心配事の数が多いということを示すことができる。

　これらの領域の他にも，人の記憶や認知的な処理に焦点を当てる認知心理学，学習による行動の変化に焦点を当てる学習心理学，人の性格に焦点を当てるパーソナリティ心理学，家族に関連する心に焦点を当てる家族心理学，産業領域に関連する心に焦点を当てる産業組織心理学，犯罪に関連する心に焦点を当てる犯罪心理学，スポーツにおける心やパフォーマンスに焦点を当てるスポーツ心理学などが挙げられる。このように，心理学にはさまざまな領域があるが，厳密に研究の領域が分けられているわけではなく，複数の領域にまたがった研究も多く存在する。

　ここまで紹介した通り，心理学にはさまざまな領域があるが，いずれの領域においても，心の法則を明らかにするために統計学は大きな武器となる。それにもかかわらず，心理学に興味はあっても，統計学には興味が湧かないと感じる人も多くいることだろう。しかしながら，心を検証する上で，統計学を理解することを諦めるということは，調理器具の使い方を知らずに，料理に挑戦するようなものである。多くの場合，挑戦の途上において，統計学の必要性を再認識することになるだろう。そ

図表 1-4　道具として使うことを重視する料理と統計学

の一方で，料理を作るためには，調理器具の使い方を理解していれば十分であって，調理器具そのものを作ろうとしたり，調理器具のすべての仕組みを理解したりする必要はない。同様に，心を検証するために統計学を用いる際には，統計学の使い方を理解していれば十分であって，統計学の新たな方法を提案する必要もないし，そのすべてを完全に理解している必要もない（図表 1-4）。

　本書では，心理学において統計学を活用するために必要な知識の定着を目指して構成されている。説明が詳細になりすぎる部分については，コラムでの紹介としたり，側注での解説という形をとっている。より詳細な内容を知りたい場合にはコラムや側注を参照していただき，基本的には各章の説明の内容を理解してもらえれば十分である。

　以降では，心理学の研究において，統計学がどのように役立つのかを具体例を挙げながら説明し，本書の全体像についても併せて紹介する。

2. 心を数字でとらえる

　心理統計では，心の状態を数字で表現し，得られたデータの数字を操作し，抽象化することで心の特徴を見出そうとする（図表 1-5）。

図表 1-5　心理統計のプロセス

　たとえば，大学生の統計学の理解度を数値のデータで取得し，統計的に処理することを考えてみよう。まず，統計学の理解度を数値のデータで取得するためには，「あなたは，統計学をどのくらい理解していますか？」という質問に対して，「とても理解している」を 5，「やや理解している」を 4，「どちらともいえない」を 3，「あまり理解していない」を 2，「全く理解していない」を 1 として数字で回答を得る。この質問に対して回答された数字が大きいほど統計学の理解度が高く，小さいほど統計学の理解度が低いということになる。このようにして，統計学の理解度を数字に変換することができる。そして，たくさんの大学生から，この質問に対する数字での回答を得ることで，大学生の統計学の理解度を数値のデータとして取得することができる。

それでは，10人の大学生から得られた回答を並べてみよう。

[5，2，1，1，3，4，5，1，2，2]

このように得られた数字を並べてみても，なんだかよく分からない。そこで，統計学では，これらの数字を操作して，分かりやすい数字に変換する。たとえば，大学生10人の平均的な値を計算すると2.6となる。これは，全体としては「どちらでもない（＝3）」と「あまり理解していない（＝2）」の間くらいで，全体的に，どちらかというと理解していないということが分かる。この手続きは，大学生10人の統計学の理解度のデータを操作して，抽象化することで，大学生の平均的な理解度からデータの特徴を示したということになる。このように，心理学では，心を数字で捉えて，得られたデータの数字を操作して，抽象化することで，心の特徴を見出す。

ここまでの内容であれば，多くの人が問題なく理解できるだろう。しかし，統計学のさらにややこしい部分は，抽象化された数字（たとえば，平均的な値など）を用いて，別の意味をもつ数字を計算するという点にある。このように，統計学では具体的な現象が数字に変換され，数字として操作されることで，結局のところ元々何を表していた数字だったのかが分からなくなってしまうという難しさがある。

このような抽象的な操作が苦手な人は，統計学で表現されている数字がもつ意味を言葉で説明できる状態を意識しながら理解を深めてもらいたい。統計学において計算される数字は，すべて意味のある数字であり，言葉で説明することが可能である。たとえば，先ほどの2.6という値は，大学生10人の平均的な値であり，「どちらかというと理解していない」ということを意味している。本書では，可能な限り数字の意味を言葉で説明することで，抽象的で理解することが難しい統計学を分かりやすく説明する。皆さんも，数字の意味を言葉で説明できる状態を目指して，本書を読み進めてもらいたい。

3. 心理学で活躍する統計学

さて，ここまで，心を検証するために統計学が大きな武器になることを説明した。しかし，いくら心を検証するためには統計学が必要だと言われても，統計学が心を検証する時にどんなふうに役に立つのかが分かりづらいと，統計学を勉強しようという気持ちも起きてこないことだろう。そこで，ここからは，心理学の中で「統計学はこんなふうに役に立つ」ということについて，多くの具体例を挙げながら，心理学で活躍す

テストによる学習成果の数値化

音楽あり群の成績 ◀──▶ 音楽なし群の成績

2 グループの成績の差を検定する

図表 1-6　2 つの条件間の違いを検討する場合

る統計学について紹介する。

　最初の例は，2 つの条件間の違いを検討する場合である。たとえば，音楽を聴きながら作業をする場合と聴かずに作業をする場合で，どちらが学習の成果があがるのか疑問を抱いた状況を考えてみよう（図表1-6）。

　このような疑問に対して，心理学では，実験的な形式で検討することとなる。一例として，音楽あり群は音楽を聴きながら，音楽なし群は音楽を聴かずに，100 個の単語を記憶する作業をやってもらい，学習の成果の指標として，作業後のテストを通じて，正確に記憶できた単語の数を確認する[1]。結果として，音楽あり群は 40 個，音楽なし群は 60 個の単語が記憶できたとする。この結果から，音楽がない方が，記憶の成績が良いと結論付けてもかまわないだろうか。心理学では，そのような結論付け方をしない。なぜなら，得られた結果が，偶然によって生じた結果かもしれないからである。このような場合には，音楽の有無によって記憶の成績に生じた違いが偶然なのか，真実なのかを検証するために統計的な手法が必要となる。統計学では，このような 2 つのグループの差を統計的に検討する方法が用意されている。その方法を用いて，統計的に差があることが確認されて初めて，音楽の視聴の有無によって学習成果が変わると結論付けることができる。あなたが，その方法を使えるようになったら，あなたは 2 つの条件間の違いを統計的に検証し，結論付けることができるようになる。なお，この方法の名称や詳細な内容については，第 5 章において紹介される。

1) 学習の成果の指標は，記憶の成績だけではない。たとえば，100 マス計算やパズルに取り組んでもらって，その成績を測定してもよい。このように，検証の対象となる指標を，どのように測定するのかということについても，さまざまな考え方や方法がある。

次の例は，3つの条件間の違いを検討する場合である。たとえば，音楽の種類も重要なのではと疑問を抱いたとする。そこで，クラシックを聴きながら作業するクラシック群と，J-POP を聴きながら作業するJ-POP 群と，洋楽を聴きながら作業する洋楽群で，記憶できた単語の数の違いを検討した。すると，クラシック群は 70 個，J-POP 群は 30 個，洋楽群は 45 個の単語が記憶できたという結果が得られた。この結果から，3つの条件間の違いを検討するためにはどうしたらいいのだろうか。一案として，先に挙げたような2つのグループの差を統計的に検討する方法を3回繰り返すというアイデアを思いつく人もいるかもしれない。しかし，統計的には3条件間の違いを検討するときに，2つのグループの差を比較する方法を繰り返し用いることは誤りである。なぜ誤りなのかについては，第6章で紹介される。それでは，3条件間の違いを検討するためにどうしたらよいのかというと，3つ以上のグループの差を検討するために別の方法が用意されている。その方法を用いて，3つ以上のグループの間に，統計的に差があることが示されたときに，音楽の種類によって学習成績が変わると結論付けることができる。あなたが，その方法を使えるようになったら，あなたは3つ以上の条件間の違いを統計的に検証し，結論付けることができるようになる。なお，この方法の名称や詳細な内容については，第6章において紹介される。

　次の例は，2つの要因の効果を検討する場合である。たとえば，聴く音楽の種類と作業の時間帯（朝か夜か）の組み合わせで，学習の成果が変わるのではと考えたとする。具体的には，朝はクラシックを聴きながら記憶の作業をすると成績があがるが，夜は洋楽を聴きながら記憶の作業をすると成績があるというような，組み合わせの効果があるかもしれない。そこで，実際に，朝の時間帯での作業を求める朝・クラシック群，朝・J-POP 群，朝・洋楽群，夜の時間帯での作業を求める夜・クラシック群，夜・J-POP 群，夜・洋楽群を設定して，それぞれの記憶できた単語の数の違いを検討した。

		聞く音楽の種類		
		クラシック	J-POP	洋楽
作業の時間帯	朝	朝・クラシック群	朝・J-POP 群	朝・洋楽群
	夜	夜・クラシック群	夜・J-POP 群	夜・洋楽群

図表 1-7　聞く音楽の種類と作業の時間帯の組み合わせ

すると，朝・クラシック群は 80 個，朝・J-POP 群は 30 個，朝・洋楽群は 30 個，夜・クラシック群は 60 個，夜・J-POP 群は 30 個，夜・洋楽群は 60 個の単語が記憶できたという結果が得られた。この結果からそれぞれの条件の影響を統計的に検討するために，2 つの要因が検証の対象にどのような影響を与えるのかを統計的に検討する方法が用意されている。具体的には，この方法を用いると，聴く音楽の種類（クラシック，J-POP，洋楽）が学習の成果に与える影響，作業の時間帯（朝，夜）が学習の成果に与える影響，聴く音楽の種類と作業の時間帯の組み合わせが学習の成果に与える影響を統計的に検討することができる。たとえば，朝はクラシックが最もはかどるが，夜はクラシックも洋楽も同じくらいはかどるという結果が出た場合，音楽の種類と作業の時間帯の組み合わせが学習の成果に影響を与えていることになる。このように，この方法を用いることで，各要因の単独の効果（主効果）と組み合わせの効果（交互作用効果）を検討することができ，統計的に有意な効果が示された場合に，各要因によって，あるいは，要因の組み合わせによって，学習成績が変わると結論付けることができる。あなたが，その方法を使えるようになったら，あなたは 2 つの要因が検証の対象にどのような影響を与えるのかを検証し，結論付けることができるようになる。なお，この方法の名称や詳細な内容についても，第 6 章において紹介される。

　次の例は，2 つの情報の関連を知りたい場合である。たとえば，SNSの使用時間が長い人ほど，自己評価が低いのではと考えたとする。そこで，100 人にアンケート調査を通じて，普段の SNS の使用時間と自己評価について数字での回答を得た。

図表 1-8　2 つの情報の関連を検討したい場合

統計学では，このような回答から 2 つの情報の関連を検討する方法が用意されている。この方法は 2 つの情報をあらわす数字が，いずれも連続の値であるときに，2 つの情報の関連を統計的に検討する方法であり，統計学において頻繁に用いられる手法である。あなたが，その方法を使えるようになったら，あなたは 2 つの連続の値のデータについて，関連を統計的に検証し，結論付けることができるようになる。この方法の名称や詳細な内容については，第 7 章において紹介される。

　それでは，性別と好みの音楽の種類の関連を検討するときにはどのようにする必要があるだろうか。たとえば，男性を 0，女性を 1 と表現し，クラシックが好きな人を 1，J-POP が好きな人を 2，洋楽が好きな人を 3 と表現したとする。性別は 0 か 1，好みの音楽の種類は 1 か 2 か 3 で表現される。これらの関連を，2 つの連続の値の関連を検証する方法によって検討することは可能だろうか。答えは，性別と好みの音楽の種類の関連を検討する場合には，その方法を用いることはできない。なぜなら，性別も好みの音楽の種類もカテゴリーを表す情報であり，数が増えるほど何かが増加するというような連続の値で表現される情報ではないためである。先の方法では，2 つの情報を表す数字が，いずれも数が増えるほど何かが増加することを表すような連続の値である必要がある。このように数字で表現される情報には，さまざまな種類がある。この点については，第 2 章で紹介される。さて，それでは，2 つの情報がカテゴリーを表す場合に関連を検討するためにはどうしたらよいのだろうか。統計学では，カテゴリーを表す 2 つの情報の関連を検討する方法が用意されている。あなたが，その方法を使えるようになったら，あなたはカテゴリーを表す 2 つの情報の関連を統計的に検証し，結論付けることができるようになる。この方法の名称や詳細な内容については，第 8 章で紹介される。

　ここまで，いろいろな例を挙げながら，それぞれに対応する統計的な手法を紹介してきた。ところが，それぞれに対応する章は第 5 章以降であり，第 4 章まではいったい何なのかと感じた方もいるかもしれない。
　第 2 章から第 4 章までは，第 5 章以降の説明を理解するために必要となる基本的な知識を紹介する形となる。第 2 章では，そもそもデータとは何なのかということについて，第 3 章では，データの特徴を数字で表現する第一歩として記述統計について，第 4 章では，統計的な仮説の検定の第一歩として推測統計について紹介する。そして，第 5 章以降では，さまざまな統計的な仮説の検定について具体的に紹介する。

4. 心理学の研究の手順

　ここまで紹介してきた通り，統計学ではデータの種類や検討したい内容に応じて，適切な分析方法が用意されている。どのような場合に，どのような分析を用いるのが適切なのかを理解できていれば，心を科学的に検証することが可能となる。また，実際の心理学の研究においては，統計的な手法をあらかじめ十分に理解した上で，統計的に検証が可能な形で研究の計画を立てることも重要となる。ここでは，心理学の研究について，より具体的にイメージしてもらうために，研究の計画の立て方について紹介する。

　心理学に限らず，研究の1つ目のステップは，問いを立てることで

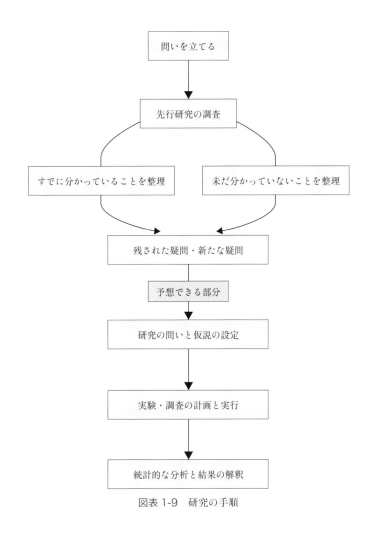

図表 1-9　研究の手順

ある。問いとは，あなたが答えを知りたいと感じる疑問であり，特に心理学では，解明する価値のある心の現象に関する疑問が問いとして設定される。一方で，あなたが抱いた疑問は多くの場合，すでに多くの人が興味を持ち，研究において詳細に検討されていることもあるだろう。そこで，2つ目のステップでは，自分の疑問に対して，先行研究[1]で何が示されているのかを調べる必要がある。たとえば，Google Scholar を使えば多くの論文を読むことができるし，図書館に行けば体系的にまとめられた知識を知ることができる。

1）過去に行われた研究のこと

　このような方法を通じて，自分の疑問の中で，先行研究で，すでにわかっていること，未だわかっていないことを明確にする必要がある。なお，多くの心理学の論文は，統計学の知識があることを前提として，さまざまな統計的な分析結果が記載されているため，先行研究を整理するためにも，統計学の知識が不可欠となる。統計学の知識があれば，あなたは先行研究の調査を通じて，膨大な心理学の知識を理解し，最適な問いを発見することができるようになる。さて，先行研究の調査の後には，あなたの疑問の多くの部分が解消されることだろう。その一方で，少しの疑問が残ったり，新たな疑問が生じたりすることもあるだろう。あるいは，先行研究で示された結論に対して，反論したくなる部分もあるかもしれない。このとき，再び先行研究を調べることとなるが，それでも，少しの疑問，新たな疑問，反論したくなる部分が解消されない場合には，それを自分の研究の問いとして設定し，その答えを検証することとなる。

　問いを設定することができたら，次のステップでは，仮説を立てる。仮説とは，先行研究の結果や理論的な根拠から予想される問いに対する答えである。したがって，研究の問いは，まったく何もわからないことではなく，未だわかっていないことの中で，予想できる部分を設定することとなる。仮説を設定する段階では，先行研究の調査を通じて，すでに少し答えが想像できるかもしれない。しかし，それはあくまで予想であり，あなたが想像しただけの根拠の弱い答えである。研究では，あなたが予想した答えに強い根拠を与えるために，統計的な分析を通じて検証を行うことが重要となる。そのために，仮説を立てた後には，仮説を統計的に検証できるような実験・調査を計画・実施することで，データを収集する。ここでも，統計的な知識を活用して，適切な実験・調査の計画を立てる必要がある。このとき，統計的な知識がない状態で計画を立てると，実験・調査を実施した後に，収集されたデータでは仮説を検証できないことに気づき，多くの苦労が水の泡になる可能性がある。つまり，統計的な知識は，仮説を検証できるデータを集めるため，適切な実験・調査を計画するためにこそ重要となることも覚えておいてほしい。

適切な実験・調査を通じてデータを収集したら，統計的な分析を行う必要がある。ここでは，統計的な知識を活用して，適切な手続きで分析を行い，分析の結果を正しく理解する必要がある。統計的な分析における適切な手続きと結果の正しい理解については，本書において中心的に紹介される。以上見てきた通り，心理学の研究において，先行研究の調査を通じて，問いと仮説を立て，仮説を統計的に検証できるような実験・調査を計画・実施し，得られたデータを分析し，結果を正しく理解するという一連の手続きにおいて，いずれの段階でも統計学の知識が不可欠となる。このことは，統計学の知識があれば，心理学の研究に取り組むことが可能となり，あなたが抱くさまざまな疑問を科学的に検証し，結論付けることが可能となることを意味している。今後，あなたはさまざまなことに疑問を感じ，その答えを求めることだろう。その時，統計学が答えを教えてくれることを信じて，本書を読み進めてほしい。

　皆さんが統計学の勉強を始める前に，伝えておきたいことがある。それは，統計学を通じて心を検証することは，とても楽しいということである。あなたが，未だ科学的に検証されていない心の現象や法則について，仮説を立て，実験・調査を行い，統計解析ソフトを用いて分析をする瞬間を想像してみてほしい。それは，世界で初めて，あなたが心の現象や法則について，科学的な真実を知る瞬間である。また，それまでの研究計画の立案や実験・調査の実施にかかる労力を思い出し，努力が実を結ぶのか，思った結果が得られないのか，ドキドキしながら分析を実行する瞬間である。

　ここで得られた結果は，仮説の支持・不支持にかかわらず，次の科学的な検証の礎となっていく。こうして，人類は統計学という検証方法を通じて，新たな科学的な真実を一つずつ積み上げてきた。その結果が，現在の社会を形作るために，重要な役割を果たしていることは言うまでもない。あなたが知っている有名な心の現象や法則についても，先人が実験・調査を行い，分析を行い，「やっぱりそうだ！」となった瞬間があるわけである。統計学の知識があれば，あなたは，その科学的な真実を初めて知る人になることができる。これは，とても楽しいことである。

　しかし，残念ながら，統計学の基礎を学ぶ段階において，統計学の楽しさを感じられることはほとんどない。統計学の基礎を学ぶ段階は，説明書を読む段階であって，便利な道具を使う段階ではない。それでは，統計学の基礎を学ぶ段階では，何を意識する必要があるだろうか。

　これは，最も重要なことであるが，心理学において統計学を用いて分析する時には，地道に計算するわけではなく，統計解析のソフトを用いることとなる。統計解析のソフトは非常に便利で，ボタンをポチポチと押していけば，統計的な分析を実行することができる。したがって，実際に分析をする時に，複雑な計算をすることはないし，数学的なスキルを求められることもない。このことは，あなたが数学を苦手としていたとしても，統計解析のソフトの力を借りて，統計的な分析ができることを意味している。極端な話，検証したい仮説に適した分析方法と結果の読み方さえ分かっていれば，あなたは統計的な分析を行うことができる。

　それでも，統計学の基礎を学ぶ段階では，数学的な説明をせざるを得ない。本書においても，いくらか数学的な説明が含まれているし，ここで躓く人も多くいることだろう。しかし，これはあくまで説明書の段階だと考え，「この分析は，この検証に適している」と，その後の道具を使う段階を意識しながら勉強を進めてほしい。この理解ができていれば，統計解析のソフトで分析を行うことができる。

　加えて，特に，数学が苦手な人は，言葉で説明できる状態を目指して勉強を進めてほしい。たとえば，平均値を数学的に表現すると以下のようになる。

$$\sum_{i=1}^{n} \frac{x_i}{n} = \frac{x_1 + x_2 + \cdots + x_n}{n}$$

この平均値を言葉で説明するとしたら，「全員の得点の合計値を人数で割った値で，全員の平均的な傾向」と表現することができる。統計解析のソフトを用いて分析するときには，このように統計的な概念を言葉で説明できることが重要となる。また，心理学の論文を読むときにも，さまざまな統計的な数値を見て，「この数値の意味はこういうこと」という形で，数値を読み解くことが重要となる。以上より，数学的な理解にこだわるのではなく，言葉での理解を重視しながら，勉強を進めてほしい。

　最後に，統計学が苦手になる他なる理由として，パソコンや表計算のソフトウェアの操作の難しさが挙げられる。統計学の基礎を学ぶ段階では，Excelなどの表計算のソフトウェアを用いて，実際に手を動かしながら，統計的な分析の理解を深めることが効果的である。このとき，そもそもパソコンの操作の仕方がわからないために，統計学もわからないと感じてしまうことがある。本来は，計算が苦手な人が，煩雑な計算を避け，統計学の重要なポイントの理解に集中できるように，表計

算のソフトウェアを用いている。しかし，これが裏目となって，ますます統計学が嫌いになってしまうこともある。

　本書では，表計算のソフトウェアを用いることが裏目にならないように，画像付きで，できる限り分かりやすく説明をしている。必要に応じて，動画での解説も行っているため，活用しながら勉強を進めてほしい。このような説明を参照したとしても，特に，表計算のソフトウェアの関数を使う場面では戸惑うこともあるかもしれない。そんな時には，「ソフトウェア名　使用したい関数名」で検索をすることで，多くの参考となる解説サイトに繋がるため，適宜，解説サイトを活用してほしい。表計算のソフトウェアの操作に慣れることは，統計学とは別に，皆さんの事務的なスキルを高める意味でも重要な意味をもつ。これを機に，統計学の理解だけではなく，表計算のソフトウェアの取り扱いについても，スキルを身につけてもらえれば幸いである。

2
Chapter

データと変数の種類

　この章では，心理統計学を学ぶうえで，基本となる事項を学ぶ。そもそもデータとはどのようなものなのか，変数にはどのような種類のものがあるのか，実験的研究と相関的研究の違いは何か，無作為割り当てと無作為抽出とは何でありそれぞれどのように役立てられるのか，などである。さらに，数式で頻出するシグマ記号の意味や，表計算ソフトの基本操作についても解説する。

1. データとは

心理学における実証的な研究では，調査や実験などをおこなって，研究の資料となるデータを集めることとなる。

以下の表（図表 2-1）は，データの例である。ここで，横方向に連なるまとまりを**行**[1]，縦方向のまとまりを**列**[2]という。そこで，こうしたたくさんの行と列からなるデータすべてのことを，データ行列，あるいはデータセットと呼ぶこともある。心理学の調査や実験で得たデータセットにおいては，行が 1 人の回答の結果をあらわし，列は 1 つの質問への回答をあらわすことが多い。

1) row
2) column

ID	性別	年齢	質問 1	質問 2	質問 3	質問 4	
1	2	46	1	2	8	2001	ID 番号 3 番の
2	1	27	1	1	4	2016	対象者の回答
3	1	25	3	4	2	2019	（ケース）
4	2	33	2	3	5	2013	質問 1 に
5	1	25	1	2	1	2022	対する回答
⋮							（変数）

図表 2-1　調査によって得られたデータセット例（架空）

3) case

より一般的には，データセットの行は，**ケース**[3]をあらわす。ケースとは，データを構成する単位のことである。対象者となる個人がケースとなることもあるが，それ以外にも，世帯がケースとなったり，企業や学校などの組織もケースとなることがある。また，自治体や国などもケースとなりうる。

4) variable

データセットの列は，**変数**[4]をあらわす。ケースごとに「変わりうる」数，だからこそ，変数といわれる。たとえば図表 2-1 で，年齢という変数についてみてみると，回答者によってそれが高い人もいれば低い人もいるように，ばらつきがある。これこそ，回答の値に個人差がある，すなわち変数であることを示している。

5) distribution

なお，変数の値がさまざまばらついている全体的な様相のことを，**分布**[5]という。統計学は，分布の記述，比較，推測などをおこなう学問である。心理学の研究で応用する際には，データセットをもとに，変数の値のどれがいかほど出現したかを集計したり，値の散らばりの中心の位置はどこかを計算したり，変数のあいだの関連を求めるなどして，統計分析を進めていくことになる。

2. 変数の種類

データセットに含まれる変数を，**質的変数**[1]と**量的変数**[2]とに大別することができる。

質的変数においては，変数の値は分類されるカテゴリーをあらわす。値が同じであれば同じカテゴリーに含まれることがわかるし，値が異なるなら別のカテゴリーだということがわかる。代表的な質的変数に，性別が挙げられる。性別はしばしば，男性を 1，女性を 2 として選択肢をつくって，カテゴリーを区別する。

量的変数においては，変数の値は測られた量の大小を意味するポイントをあらわす。値が大きいほうがよりポイントが高いということがわかる。そのうえ，値の差がどこでも一定である。これらのことを，代表的な量的変数である，年齢により説明しよう。まず，25 歳の人と 20 歳の人がいるとしたら，前者のほうがより年齢が高いことに気づく。それは量的変数である年齢の値を比べて，どちらが大きいかを見れば一目瞭然である。また，25 歳の人と 20 歳の人の年齢差（間隔）は 5 となるが，20 歳の人と 15 歳の人とで年齢差（間隔）を求めればこれもまた 5 となる。これら 2 つの計算で求められた 5 歳分だけ差があることは，同じ間隔であることをあらわす。それはつまり，差の大きさの意味がどこでも同じということだ。これが，値の差がどこでも一定，すなわち等間隔であることの例として挙げられる。

量的変数と質的変数の違いは，データの値の計算の可能性にみられる。量的変数の値は，年齢の例でみたように，計算が可能である。ところが質的変数の値は，計算が不可能だ。女性をあらわす 2 から男性をあらわす 1 を引く？などという意味不明な計算を，試みてはならない。量的変数は，等間隔のポイントであるからこそ，足したり引いたりする計算に用いることが許されるのである。

さて，より詳しくみると，質的変数のなかで，さらに種類を分けることができる。分ける基準となるのは，カテゴリーに順序関係が成立するかどうかだ。例として，次の 2 つの質問・選択肢をみてみよう。

【質問例1】 あなたは現在，どの政党を支持していますか。
 1 自由民主党　　　 2 公明党　　　　 3 共産党　　…（以下略）

【質問例2】 あなたは，自由民主党をどのくらい好きですか。
 1 とても好き　　 2 まあ好き　　 3 あまり好きではない

1) categorical variable
2) numerical variable

4　好きではない

　質問例1では，支持している政党をあらわす選択肢に○をつけて回
答され，それがデータとして入力される。質問例1の回答による変数
の値は，順序が付けられない。なぜなら，1（自由民主党）が2（公明党）
よりも，少ないとか弱いとか低いというような，順序性のある関係はみ
られないからだ。

　質問例2では，自由民主党に対する好感度にかんして，回答者が自
らの考えに近いところの選択肢へと○がつけられ，やはりデータとして
入力される。質問例2の回答による変数の値は，順序が付けられる。選
択肢4よりも3のほうが，さらに3よりも2のほうが，そしてまた2
よりも1のほうが，自由民主党に好感をより強くもっていることにな
るからだ。値の大小が，好感度の強さの順序と対応するようにできてい
る。

　これら2つの質問例は，選択肢に与えられた数値に順序関係が成立
するかどうかが異なる。前者のように，順序付けできない分類されたカ
テゴリーの数値のことを，**名義尺度**[1]という。また後者のように，順序
付けできる分類されたカテゴリーの数値のことは，**順序尺度**[2]という。

　それから，量的変数のなかでも，さらに種類を分けることができる。
分ける基準は，0（ゼロ）の値が，絶対的に皆無であることを意味し，
原点と位置付けられるかどうかだ。例として，次の2つの質問・選択
肢をみてみよう。

【質問例3】　国政選挙にかんして，あなたはこれまでに，投票を何回お
　　　　　　こないましたか。
　　　　　　（　　　　　　　　回）

【質問例4】　国政選挙にかんして，あなたが最初に投票をおこなったの
　　　　　　は，何年でしたか。
　　　　　　（西暦　　　　　　年）

　質問例3では，投票回数がたずねられている。これへの回答の値は，
足したり引いたりすることが可能なので，量的変数とみることができる。
0の値の意味に着目すると，それが絶対的に皆無，すなわち「まったく
存在しない」状態であることがわかる。要するに，0の位置が原点となっ
ている。

　質問例4では，最初に投票した年がたずねられている。こちらもや
はり，量的変数とみなせる。ただ，0の値については，絶対的に皆無で

1）nominal scale

2）ordinal scale

あるとみることはできない。なぜなら，この場合の0の値は紀元前（BC）と紀元後（AD）が移り替わるその瞬間をさしており，初めての投票をおこなったタイミングが皆無などという変な意味はもちえないからだ。また仮に初めての投票が紀元前100年の人がいたとしたら，回答は−100となってしまうわけで，これからも0が絶対的な原点としては位置付けられないことが確認される。

　これら2つの質問例は，0の値が絶対的な皆無を意味し，原点と位置付けられるかどうかにおいて異なる。後者のように，0が原点とならない量的な値のことを，**間隔尺度**[1]という。そして前者のように，0が原点となる量的な値のことを，**比率尺度**[2]（比尺度）という。

　以上述べた4つの**尺度水準**[3]（名義尺度／順序尺度／間隔尺度／比率尺度）は，心理学者のスティーブンスによって提唱されたもので，あらゆる分野の統計学で広く用いられている。これらの尺度水準次第で，用いる統計分析の方法が変わってくることに注意されたい。

1) interval scale

2) ratio scale

3) level of measurement

3. 実験的研究と相関的研究

　心理学において，統計データを利活用する実証的研究は，大きく2つに分けることができる。1つは**実験的研究**[4]であり，もう1つは**相関的研究**[5]である。

4) experimental study

5) correlational study

　実験的研究とは，その名があらわすように，実験という手続きに基づく研究をさす。その特徴は，原因候補の要因を操作する，あるいは介入するところにある。つまり，実験をおこなう側で，被験者を原因候補の要因の各条件に割り当てる。

　相関的研究は，観察的研究とも呼ばれるが，調査，観察，検査などの手続きに基づく研究のことをいう。これらはいずれも，原因候補の要因の操作をしない，ないし，操作がそもそもできない。その代わりに，調査対象者に対し，原因候補の要因として用いる情報を，質問をすることなどによって測定する。

　ここで，2つの研究法の違いを説明してみよう。ここでは，教授法の違いが，テスト得点に影響を与えるかどうかを調べることを例とする。とある教授法Aと，それとは異なる教授法Bがあるとして，そのどちらがより学力を向上させやすいかを，テスト得点を結果を示す変数として，研究をしようとしている状況をイメージしてほしい。

　実験的研究により検証するならば，次のような手順で進める。まず，被験者を集める。続いて，無作為に2つのグループに分け，一方に対

しては教授法Aで教え，もう一方には教授法Bで教える。その後に，教えられた内容にかんしてテストをおこなって，得点をグループ間で比較する。

相関的研究によって検証するなら，次のような手順で進める。教授法Aで教えているクラスと教授法Bで教えているクラスをみつける。それから，それらクラスで学んだ人びとを調査対象者として選び，教えられた内容にかんしてテストをおこなって，得点をクラス間で比較する。

両者の違いは，原因候補として位置づけられる，教授法の扱いである。実験的研究では，人為的に介入し，あえて2つのグループにそれぞれ別の教授法を割り当てるように操作をおこなった。他方，相関的研究では，ふだんから教わっていた教授法を調べてそれを原因候補の変数としただけであって，実験をする側からの操作はおこなえていない。結局のところ，教授法という原因による，学力という結果への影響といった，因果関係を検討したいのであれば，実験的研究のほうがより適している。無作為に2つのグループに分けたゆえに，それらグループの違いはもはや教授法以外にはないので，教授法の効果という因果関係を特定しやすいからである。その点，相関的研究だと，一方の教授法を採用していたクラスのほうがもともと優秀な生徒が集まっていたのでは，など，因果関係として特定しにくい。

両者の利点を整理しよう。因果関係をできるだけ厳密にとらえたいのであれば，実験的研究のほうが優れている。だが実験的研究が万能というわけではない。実験ができない状況はさまざまある。たとえば，性別や，学歴を原因候補として研究をおこなうときには，それらの変数を操作することが不可能なので，実験的研究はできない。そうしたときには調査など相関的研究によって実証的研究をすることになるだろう。ほかにも，人びとの心理や意識をありのままにとらえたいときも，実験的研究はなじまず，むしろ相関的研究のほうが目的を果たすのに適している。

4. 無作為割り当てと無作為抽出

ところで，実験的研究が因果関係をとらえるのに適していることを述べたが，それは無作為割り当て（無作為配分）をおこなうことで支えられている。仮に実験をおこなったとしても，先着順で教授法を割り当てたり，被験者に好きな教授法を選ばせたりすると，もはやグループ分けは無作為化されておらず，因果関係の特定は大幅にしにくくなる。

実験において，原因候補の変数の条件をあらわすグループへと，無作

為に被験者を割り当てる方法を，**無作為割り当て**[1]と呼ぶ。それがなぜよいかというと，複数のグループがあらゆる面ですべて同質になるからである。被験者のあいだには，性別や年齢といった社会人口的属性の違いがあったり，性格や価値観など心理特性の違いもある。そうした多くの属性や特性をグループ間で同質にしなければいけないのは，それらが結果を示す変数に影響を与えかねないから，である。グループがどれも同質だからこそ，結果を示す変数のグループ間の差は，原因候補の変数（グループの条件）によって生じたものと強く主張できるようになっているのである。

　無作為割り当てをおこなうことで，結果を示す変数に対して原因候補の変数の影響だけを純粋に取り出すことができる。そして，結果としてみられた効果を，因果関係の証拠として読み解くことが許されるのである。こうした因果関係の確からしさの程度を，**内的妥当性**[2]と呼ぶ。つまり，内的妥当性を高くしたいからこそ，無作為割り当てをした実験を試みるわけである。

　実験の被験者や，調査の対象者を，無作為に選んでくる方法を，**無作為抽出**[3]と呼ぶ。たとえば，実験において，学生名簿から無作為に50人抽出して被験者とすることや，調査において，ある市の住民基本台帳から無作為に1,000人抽出して調査対象者とすることなどが，典型例といえよう。

　調査や実験でとらえたい集団と，実際に調査や実験に参加する集団を区別するために，ここで母集団と標本という専門用語をおさえておこう。**母集団**[4]とは，研究において調査や実験でとらえようとしている集団のことをさす。**標本**[5]とは，その母集団から抽出された，調査や実験に参加する集団のことをいう。母集団に含まれるすべての人びとを対象として調査することを，**全数調査**[6]（悉皆調査）と呼ぶ。全数調査は，母集団をそのまま調べるのだから，正確なデータを得ることができる。しかし，ほとんどなされていない。なぜかというと，全数調査は，要する費用も時間も大きなものとなるので，そう簡単にはできないことが多いからだ。多くの場合，母集団から一部を選び出して調査をおこなう。これを，**標本調査**[7]と呼ぶ。たとえば，とある県で300万人の有権者を母集団として，そこから3,000人を標本として抽出して，調査をすることなどがそれにあたる。そこで，一部にあたる人たちを選ぶのに際して，無作為に抽出するのである。

　無作為抽出をすることによって，母集団の特徴をよくあらわしている標本をとりだすことができる。すなわち，まんべんなく偏りのないデータが得られるわけである。その結果，標本のデータで計算した平均値は

1) random assignment

2) internal validity

3) random sampling

4) population

5) sample

6) complete enumeration

7) sample survey

だいたい母集団のそれに近いものになる。そのほか，母集団のいろいろな特性を，かなり正確に推定することができる。どの程度の誤差が生じるかについても，理論的に知ることができる。このように，実際に調査した標本でみられた結果が，標本抽出のもととなった母集団でもみられると推論することを，**一般化**[1]という。そして，一般化ができる程度のことを，**外部妥当性**[2]と呼ぶ。外部妥当性を高くするには，無作為抽出をおこなって対象者を選ぶことが重要である。

1) generalization

2) external validity

　なお，第4章で詳しく説明する推測統計を適用するのは，無作為抽出された標本であることが基本的な前提である。統計的推定も統計的検定も，分析結果そのものは標本から計算されるが，議論の関心となるのは母集団の特性にあることに注意されたい。

▌5. Σ記号の読み方と意味

　ここで，後の章で登場する，Σの記号について説明したい。なおΣは「シグマ」と読む。

　Σは，総和（合計）を求めることを意味する。要するに，値をひたすら足していくというだけのことだ。ただし統計学では，次のように，少し難しそうな形であらわれてくる。

$$\sum_{i=1}^{n} x_i$$

　変数xの右下に小さくiと書いているのに注目してほしい。これは，添字（そえじ）といって，データの番号をあらわす。具体的には，回答者個人のID番号などが入ることになる。

　Σ記号の下に，$i=1$と書くことで，総和を求めるのに用いるデータの最初の番号が指定される。この場合は，ID番号をあらわすiが1番からスタートすることを示している。

　Σ記号の上には，nと書いている。これにより，総和を求める最後のデータをn番目のものとするように指定される。つまり上のΣ記号の式は，1番目からn番目まで，あわせてn個のデータを合計せよ，と言っているのである。

　ここで，変数xを所持金として，以下のデータセット例から計算をしてみよう。3人の児童がいて，それぞれ，100円，200円，300円を所持していることがわかる。これを数式にするなら，$x_1=100$，$x_2=200$，$x_3=300$とあらわされる。

ID 番号 (i)	所持金 (x)
1	100
2	200
3	300

図表 2-2　データセット例

　さて，この 3 人の児童の所持金を合計すると，いくらになるであろうか。もちろん迷わず，600 円だと求められるだろう。あえて式に示すなら，以下のようになる。

$$x_1 + x_2 + x_3 = 100 + 200 + 300 = 600$$

　さらに，この式を，$\sum$ 記号を用いて書き換えるなら，

$$\sum_{i=1}^{3} x_i = x_1 + x_2 + x_3 = 600$$

とあらわすことができる。この例のデータはわずか 3 人分だけであったが，実際の心理学研究で用いるデータは，80 人分の実験データや，2,000 人分の調査データなど，規模がより大きいものがほとんどである。そうなると，たくさんのデータの総和を示すのに，普通の数式であらわすことはほぼ不可能であり，$\sum$ 記号を使って示さざるを得なくなる。

　$\sum$ 記号は，大量のデータの総和を手短に表現してくれる，非常に便利な道具なのだ。そのため，統計学では，平均値や分散など，さまざまな統計量の計算方法を示すために，$\sum$ 記号をたびたび使うことになるわけである。

6. Excel の基本

　本書では，統計処理をするために，表計算ソフトの Excel を利用する。そのため，ごく簡単に，Excel の基本操作にかんして述べておく。

　以下の図（図表 2-3）は，Excel のシートの画面である。シートは，たくさんの四角形のマス目からなっている。このマス目のことを，セルという。セルの位置を示すセル番地は，行は数字で，列はアルファベットであらわされ，その組み合わせで表現される。たとえば，一番左上のセルは「A1」となる。

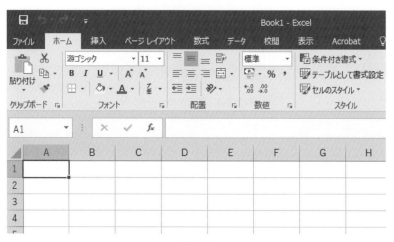

図表 2-3

　セルには，文字も入力できるし，数値を入力することもできる。その
ため，Excel へと調査や実験の結果得られた回答の値を入力していけば，
データセットをつくることが可能となる。
　さらに，セルに計算式を書くことで，その計算結果が得られる。なお，
セルに計算式を書くときは，まず最初に半角の = を書き，それに計算
式を続けていく。セルの位置を指定することで，当該のセルに入力され
た数値を，別のセルの計算式で用いることもできる。例として，A1 セ
ルに 1，B1 セルに 2 という数値が入っている状態で，C1 セルに A1 セ
ルと B1 セルの値を足すように計算式を入れてみよう。

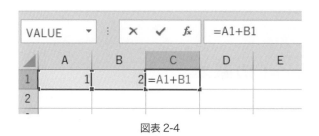

図表 2-4

　このとき，上の fx という関数を示すところの右横欄に，カーソルが
置かれた C1 セルの計算式があらわれている。そのうえで「enter」キー
を押すと，

図表 2-5

と，C1 セルに計算結果が出力される。なお，「+」のところを「-」に変えると引き算に，「*」に変えると掛け算に，「/」に変えると割り算になる。

　よりたくさんの値をまとめて計算したいときには，関数を用いると便利だ。ここでは，合計するための関数 sum を紹介しよう。いま，以下のように，A1 セルから E1 セルまでに，5 つの数値が入力されているとする。これらの合計を求めてみよう。

図表 2-6

　単純に計算するなら，どこかあいているセルに「=A1+B1+C1+D1+E1」という計算式を入れるのでもよい。より短く書くには，sum 関数を用いて書き換えられる。

図表 2-7

　F1 セルに「=sum(A1:E1)」と入っているが，これにより「A1 セルから E1 セルまでのあいだの数値を全部足す」ことがなされる。「enter」キーを押せば，

◢	A	B	C	D	E	F
1	1	2	3	4	5	15
2						

図表 2-8

　このように，合計して 15 であると結果が出力される。なお，縦方向に A1 セルから A10 セルまでの値を合計したければ，「=sum(A1:A10)」と書けばよい。

　また，合計を求める sum 以外にも，たくさん役に立つ関数がある。それらは後の章でまた追加的に紹介したい。そのほか，ピボットテーブルという集計の機能や，グラフ作成の機能なども充実している。

コラム 2　　オンライン調査について

　心理学の質問紙調査は昨今オンラインで行われることが増えてきている。大学生であっても簡単にオンライン調査のフォームを作成することができる。たとえば，Google Forms などはユーザーに使いやすく設計されており，オンラインで調査を行うときによく使われている。また，有料ではあるが調査会社に依頼して実施する場合もある。

　オンライン調査のメリットは，紙ベースの質問紙調査で答えてもらったときには必須となる，データを入力するという手間が省けることである。オンライン調査では選択肢をラジオボタンで選んだり，複数回答であればチェックボタンで選ぶ。それらの記録はそのまま表計算ソフトや統計に使える形式のデータになる。

　一方，オンライン調査には気を付けなければならない点がある。実験参加者をオンラインで集める場合，回答してくれるのは関心をもっていたり，オンラインで答えることができる環境のある対象者に限られるということである。もちろん紙ベースの質問紙調査などでも関心のない人は回答しない可能性もあるので同じだといえるかもしれないが，紙ベースの質問紙調査の場合，あまり関心のない人でも対面で実施している分工夫すれば答えてもらえる可能性もある。オンラインの場合実験参加者は直接顔が見えないため，関心をもっている／関心をもっていないで，回答する／回答しないがとても顕著になるといえる。また自分でオンライン調査を作成する必要があり，比較的わかりやすく作成できるようになってはいるがその手間がかかる。

　また，先述したように，調査会社に頼んでオンライン調査を実施する場合もあるが，メリットは調査会社は対象者を確保しているので，各属性（性別，年齢，職業，居住地域等々）においてどのような割合にするかなども含めて調査を依頼することができることである。調査会社もデータは表計算ソフトや統計に使える形式で納品してくれる。調査会社を使う場合気を付けるべきことは，有料であることである。さらにオンライン調査の回答者がアンケート調査に関心のある人だけに限られるということは調査会社を使った調査でも同じである。

　Google Forms の使い方を簡単に紹介する。Google のアカウントを取得し，Google Forms にアクセスする。フォームを開いたら以下の図のようなフォームが出てくるので，ここで質問紙調査を入力したり選択肢を用意したりする。

3
Chapter

記述統計

　「木を見て森を見ず」という言葉があるが，これはデータ集計，分析にも通ずる。各データが「木」だとして，それが集まった「森」を見通すためにはどうしたらよいのだろうか？

　第3章では，データを要約する方法について，平均や標準偏差などの数値でまとめる方法と，グラフにより視覚的にまとめる方法を紹介する。

1. 記述統計とは

　たとえば，100万人ぶんの身長のデータが得られたとき，膨大な量の
データを一人ずつ眺めていてもデータの全体像を把握することはできな
い。そのためには，より少ない情報に要約する必要がある。

　記述統計は，手元に得られたデータを集計し，より効率よくその基本
的な特徴や傾向を明らかにする方法である。記述統計から算出される記
述統計量（基本統計量）の主な指標に，ある一つの変数について測定し，
集計や分析の対象となる**データの総数**（n），データを足し合わせた合計，
データのなかで最も大きい値である**最大値**[1]，最も小さい値である**最小
値**[2]，そしてデータの中心を表す**代表値**[3]，データの散らばりの度合い
を示す**散布度**[4]がある。以下では代表値と散布度について具体的に述べ
る。

1) maximum
2) minimum
3) central tendency
4) dispersion

2. 代表値

　データの「中心」をいかに決定するか次第で，用いる代表値の指標は
変わってくる。ここでは，平均値，中央値，最頻値をとりあげる。

　平均値は，データの重心を算出することで「中心」を決定する。平均
値には，算術平均，幾何平均（相乗平均），調和平均などがあるが，最
も用いられるのが算術平均である。算術平均の式は下式の通りである。
これはある変数（x）の1つ目のデータ値（x_1）から，最後（n番目）
の値（x_n）までを足し合わせて，その合計をデータの総数（n）で割る
ことで平均値（$\overline{x}$：エックスバー）を算出している。なお，平均値は比
率尺度と間隔尺度のデータにおいて算出することができる[5]。

5) 順序尺度は平均値を算出
できない。1位と5位の平
均値をとって算出された3
位は，意味のない値である。
名義尺度の場合は，平均値や
中央値を算出することはでき
ない。

$$\overline{x} = \frac{1}{n}\sum_{i=1}^{n} x_i = \frac{1}{n}(x_1 + x_2 + x_3 + \cdots + x_n)$$

6) median

　中央値[6]は，データを小さい値から順に並べたときに真ん中にくる値
をデータの「中心」とする。中央値は順序尺度以上（図表3-1）のデー
タにおいて算出できる。**最頻値**[7]は，データのなかで同じ値のものを集
めたときに，データの数が最も多い値をもって，データの「中心」とす
る。最頻値は，名義尺度以上のデータにおいて算出できる。

7) mode

中央値や最頻値の強みとしては，**外れ値**[1]の影響を受けづらいことが挙げられる。外れ値とは，ある変数において他のデータの値と比べたときに，極端に大きい（小さい）値である。平均値は外れ値の影響を受けやすいが，中央値は外れ値の数が少なければその影響が少なく，最頻値の場合，外れ値と同一の値が最も多くない限り影響は受けない。

図表 3-1 には，各尺度水準で算出ができる代表値を示した。

尺度名	算出できる代表値
比率尺度	平均値，中央値，最頻値
間隔尺度	平均値，中央値，最頻値
順序尺度	中央値，最頻値
名義尺度	最頻値

図表 3-1　尺度水準と算出可能な代表値の関係

図表 3-2 には，10 名が**うつ性自己評価尺度**（Self-rating Depression Scale：**SDS**[2]）と**リーボヴィッツ社交不安尺度**（Liebowitz Social Anxiety Scale 日本版：**LSAS-J**[3]）に回答したデータが示されており，各尺度について Excel 関数を用いてデータの総数（n），総合得点の平均値と中央値を求めた画面である。さらに図表 3-3 には，各データの位置付けと平均値[4]と中央値[5]，最頻値[6]を視覚的に示した。

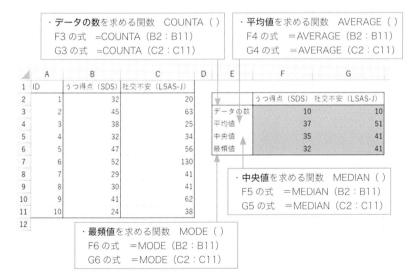

図表 3-2　Excel におけるデータ数と平均値，中央値，最頻値の算出方法

1) outlier

2) SDS：アメリカの W.W.K. Zung が 1965 年に作成した。抑うつ状態を回答者自身が 1 から 4 の 4 段階で回答する尺度で，質問項目は 20 項目であり，得点は 20 〜 80 点である。
福田一彦・小林重彦（1973）。

3) LSAS（LSAS-J）：アメリカの M.R. Liebowitz が作成した社交不安尺度の日本版で，「恐怖感 / 不安感の程度」と「回避の程度」について 0 から 3 の 4 段階で回答する尺度である。質問項目は合計 48 項目で，総合点は 0 〜 144 点である。
朝倉聡 他（2002）。

jikkyo contents

4) 平均値（SDS）は，（32 + 45 + 38 + 32 + 47 + 52 + 29 + 30 + 41 + 24）÷ 10 = 37

5) 中央値（SDS）は，ID の 1 番目と 4 番目の回答者の値（32）と 3 番目の回答者の値（38）を足して 2 で割った値

6) 今回の例では，SDS，LSAS-J ともに，あえて同じ得点の回答者を含むものとなっているが，データの総数が少ない場合，同得点の回答者がおらず，最頻値を決めることができない場合がある。また，たとえば身長や体重といった，小数点以下の桁数まで細かく記すデータを扱う場合にも，厳密には同一の値ではないため，最頻値を用いることができない。

図表 3-2 をみると SDS の場合，平均値と中央値の得点はそれぞれ 37 と 35 で，2 の差しかないが，LSAS-J の場合は平均値が 51，中央値が 41 と 10 もの差がある。その理由として，図表 3-3 で示したように ID の 6 番目の回答者の LSAS-J 得点（130）は他の回答者の得点と大きく離れており，外れ値として平均値に影響を与えていることがわかる。そして，最頻値は，SDS では 32（ID の 1 番目と 4 番目の回答者の得点），LSAS-J では 41（ID の 7 番目と 8 番目の回答者の得点）である。

1）図表 3-3 は，目盛り線を重さのないシーソー板にみたてて，そこに各回答者のデータ（●は同じ重さとする）が載ると，平均値を支点に，シーソーが釣り合うイメージである。中央値は，SDS, LSAS-J ともに，左から 5 つ目と 6 つ目の●の間に位置する。

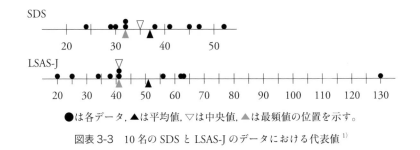

●は各データ，▲は平均値，▽は中央値，▲は最頻値の位置を示す。

図表 3-3　10 名の SDS と LSAS-J のデータにおける代表値 [1]

3. 散布度

　量的データを理解するには，代表値によってデータの中心を知るだけでは不十分である。なぜならば，平均値が同じ値であっても，各データが平均値という重心の近くに密集していたり幅広く散らばっていたりと，その散らばりの度合いは異なるからである。この散らばり具合をあらわす値のことを**散布度**と呼ぶ。ここでは，範囲（レンジ），偏差，分散，標準偏差，パーセンタイル，四分位数について述べる。図表 3-5 は，代表値を図式化した図表 3-3 に，それぞれの散布度を反映したものである。

　範囲（レンジ）と偏差は，データの散らばりを，最もわかりやすく求めた値である。**範囲（レンジ）**[2] とは，最大値から最小値を引いた値である。**偏差**[3] とは，平均を基準として各データがそこからどれだけずれているかをあらわす指標である。

　たとえば，ID の 1 番目の人の SDS 得点は 32 点であるため，そこから平均値の 37 点を引くと，偏差は −5 となる。データ全体としてどれだけ散らばっているかを算出するためには，各データの偏差を算出し，合計すればよいと考えるかもしれない。しかし，平均からの差を求めると正（＋）の値と負（−）の値が算出されるため，それらを足し合わせ

2）range
10 名の SDS 得点における最大値は 52，最小値は 24 なので，範囲（レンジ）は 52 −24 ＝ 28 となる。

3）deviation
10 名の SDS 得点において，ID の 1 番目の人の SDS 得点は 32，平均値は 37 なので，偏差は 32 − 37 ＝ − 5 となる。

ると，必ず 0 となってしまう。そうならないために，2 つの方法がある。

1 つは，偏差の絶対値を求め，その合計をデータの総数（n）で割る（平均する）方法で，これが<u>平均偏差</u>[1]である。

もう 1 つは，偏差の合計が 0 にならないようにするために，偏差を 2 乗して合計する方法である。2 乗することで，偏差の負の値を正の値にすることができる。<u>分散</u>[2]（s^2：エス 2 乗）とは，偏差の 2 乗を求め，その合計をデータの総数（n）で割った（平均した）値であり，以下の式から求めることができる。

$$s^2 = \frac{1}{n}\sum_{i=1}^{n}(x_i - \overline{x})^2$$
$$= \frac{1}{n}\left\{(x_1 - \overline{x})^2 + (x_2 - \overline{x})^2 + \cdots + (x_n - \overline{x})^2\right\}$$

ただし，分散は 2 乗した値から算出しているため，もとのデータとは単位が異なるものになってしまっている。たとえば，もとのデータの単位が cm である場合，このデータから求めた分散はその 2 乗である cm^2 になってしまうようなものである。

<u>標準偏差</u>[3]とは，平均値と同じ単位に戻すために，2 乗された分散の値の正の平方根（$\sqrt{\ }$）をとることで求めれる。標準偏差を算出することで，平均からの距離について，平均と同じ単位上で考えられるようになる。

$$s = \sqrt{s^2}$$

さらに，標準偏差（s：エス）を平均値（$\overline{x}$）で割った値（**変動係数**）により，互いの単位が異なるデータや平均値が大きく異なるデータ間での散らばりを比較することができる。

図表 3-4 は，先ほどの図表 3-2 に加えて，分散と標準偏差そして変動係数を Excel 関数により求めた画面である。SDS と LSAS-J のデータの散らばり具合について，図表 3-3 においても LSAS-J のほうがばらついているようにみられるが，実際に変動係数を算出し比較しても，それぞれ 0.23，0.58 であり，LSAS-J のばらつきがより大きいことがわかる。

[1] SDS 得点において 10 名のデータの平均偏差を算出すると以下のようになる。
$(|32-37| + |45-37| + |38-37| + |32-37| + |47-37| + |52-37| + |29-37| + |30-37| + |41-37| + |24-37|) \div 10 = 7.6$

[2] variance
先の 10 名の SDS 得点データにおいて分散を算出すると以下のようになる。
$\{(32-37)^2 + (45-37)^2 + (38-37)^2 + (32-37)^2 + (47-37)^2 + (52-37)^2 + (29-37)^2 + (30-37)^2 + (41-37)^2 + (24+37)^2\} \div 10 = 73.8$

[3] standard deviation

39

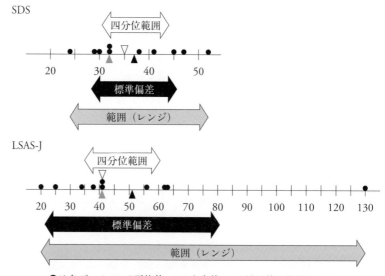

・**分散**を求める関数　VAR.P( )
　F7 の式　＝VAR.P(B2：B11)
　G7 の式　＝VAR.P(C2：C11)

	A	B	C	D	E	F	G
1	ID	うつ得点 (SDS)	社交不安 (LSAS-J)				
2	1	32	20			うつ得点 (SDS)	社交不安 (LSAS-J)
3	2	45	63		データの数	10	10
4	3	38	25		平均値	37	51
5	4	32	34		中央値	35	41
6	5	47	56		最頻値	32	41
7	6	52	130		分散	73.8	882.6
8	7	29	41		標準偏差	8.6	29.7
9	8	30	41		変動係数	0.23	0.58
10	9	41	62				
11	10	24	38				
12							

・**標準偏差**を求める関数　STDEV.P( )
　F8 の式　＝STDEV.P(B2：B11)
　G8 の式　＝STDEV.P(C2：C11)
※分散の平方根（√）により分散を算出する場合
・平方根を求める関数　SQRT( )
　（例）F8 の式　＝SQRT(F7)

・**変動係数**は，標準偏差／平均値で求める。
　F9 の式　＝F8/F4
　G9 の式　＝G8/G4

図表 3-4　Excel における分散と標準偏差，変動係数の算出方法[1]

jikkyo contents

1) 本章では，分散と標準偏差を求める関数としてそれぞれ VAR.P と STDEV.P を紹介したが，それぞれの関数の末尾にある「P」は，母集団（population）を意味している。母集団とは，標本を含む調査対象の全体を意味するが，手元に得られた n 個のデータを母集団とみなし，そこから分散や標準偏差を算出したものである。

VAR 関数，STDEV 関数には，ほかにも VAR.S と STDEV.S 関数があるが，この「S」は，標本（sample）で，これは手元に得られたデータから，母集団の分散を推測する場合に用いられる。推測統計学にかんしては，次の第 4 章で取り上げる。

2) 図表 3-5 で示した「標準偏差」は，平均から標準偏差を引いた値から，平均に標準偏差を足した値までの範囲である。

●は各データ，▲は平均値，▽は中央値，▲は最頻値の位置を示す。

図表 3-5　10 名の SDS と LSAS-J のデータにおける散布度[2]

四分位数[1]とは，データを小さい値から順に並べたときにデータの数が四等分になるよう区切る値で，それぞれ小さい順に第1四分位数，第2四分位数（中央値），第3四分位数と呼ぶ。なお，第3四分位数から第1四分位数を引いた値が，四分位範囲である。

　さらに，**パーセンタイル値**[2]は，データを小さい値から順に百等分にして並べた値である。したがって，第1四分位数は25パーセンタイル値，第2四分位数（中央値）は50パーセンタイル値，第3四分位数は75パーセンタイル値に相当する。

　図表3-6は，先ほどの図表3-4に加えて，四分位数と，四分位範囲，30パーセンタイル値をExcel関数により求めた画面である。

1) quantiles

2) percentiles
心理学において，たとえば矢田部ギルフォード（YG）性格検査や，東大式エゴグラム（TEG）などのパーソナリティ検査や，ウェクスラー式の知能検査（WAISやWISCなど）といった心理検査において，パーセンタイル値を算出することがある。

・**四分位数**を求める関数　QUARTILE.INC（ ）
　第1四分位数ならば，
　F10の式　＝QUARTILE.INC(B2：B11,1)
　G10の式　＝QUARTILE.INC(C2：C11,1)
※第2，第3四分位数の場合は，セル範囲の指定の後に，"1"となっている部分を，それぞれ"2"，"3"と指定。

	A	B	C	D	E	F	G
1	ID	うつ得点（SDS）	社交不安（LSAS-J）			うつ得点（SDS）	社交不安（LSAS-J）
2	1	32	20		データの数	10	10
3	2	45	63		平均値	37	51
4	3	38	25		中央値	35	41
5	4	32	34		最頻値	32	41
6	5	47	56		分散	73.8	882.6
7	6	52	130		標準偏差	8.6	29.7
8	7	29	41		変動係数	0.23	0.58
9	8	30	41		第一四分位数	30.5	35
10	9	41	62		第二四分位数	35	41
11	10	24	38		第三四分位数	44	60.5
12					四分位範囲	13.5	25.5
13					30パーセンタイル値	31.4	36.8
14							
15							

・**四分位範囲**
　F13の式　＝F12－F10

・**パーセンタイル値**を求める関数　PERCENTILE.INC（ ）
　（例）30パーセンタイル値を出すには，
　F14の式　＝PERCENTILE.INC（B2：B11,0.3）
　G14の式　＝PERCENTILE.INC（C2：C11,0.3）
※"0.3"となっている部分で，算出したいパーセント値を指定。

図表3-6　Excelにおける四分位数と四分位範囲，パーセンタイルの算出方法

4. 標準得点・偏差値

データ全体において，ある変数の得点と別の変数の得点の高低を比較するにはどうしたらよいだろうか？ たとえば，本章で扱っている SDS と LSAS-J ついて，ID が 5 番目の人は，SDS 得点が 47 点で LSAS-J 得点が 56 点であるが，この人は抑うつよりも社交不安が高い人だといえるだろうか。ここまで述べてきたデータの中心とばらつきを考慮すると，必ずしもただ得点を比較するだけでは結論できないとわかるだろう。なぜならば，それぞれの平均値は SDS が 37，LSAS-J が 51 と異なっているし，データのばらつきの指標である標準偏差も SDS が 8.6，LSAS-J が 29.7 と異なるからである。

そこで 2 つの変数の得点を比較するために，平均値と標準偏差を踏まえた上で，各得点を変換する**標準化**の手続きを行う。具体的には，ある変数 (x) のある回答者の得点 (x_i) からその変数の平均値 $(\overline{x})$ を引いて，データの中心からの距離（偏差）を算出し，その値を変数 (x) のデータのばらつきである標準偏差 (s_x) で割ることで，同じ目盛りの間隔上でその偏差を理解することができるようになる。

$$z_i = \frac{x_i - \overline{x}}{s_x}$$

1) standardized score
図表 3-7 を例にして，値が入力されていない空きセルに =AVERAGE(C2：C11) と入力すると，SDS の標準得点の平均が 0 であることがわかる。同様に，空きセルに =STDEV.P(C2：C11) と入力すると，SDS の標準得点の標準偏差が 1 であると確認できる。

標準得点[1]（z 得点：ゼットとくてん）とは，上記の式により標準化された得点のことで，平均が 0，標準偏差が 1 となるように変換されている。ID が 5 番目の人の SDS と LSAS-J の得点を標準化すると，それぞれ 1.16，0.17 であり，SDS の標準得点のほうが高いことがわかる。さらに図表 3-7 は，これまで算出してきた，平均値は標準偏差の値を用いて，SDS と LSAS-J についてそれぞれの回答者の標準得点を Excel 関数により求めた画面である。

また，模試や受験のさいに耳にする値として**偏差値**があるが，これは，ある変数の得点について，平均が 50，標準偏差が 10 となるよう変換した値である。具体的には，標準得点に 10 を掛けて，50 を足し算した値である。ID が 5 番目の人の SDS と LSAS-J の得点を偏差値で示すと，それぞれ 61.6，51.7 となる。

・標準得点（z 得点）は，ある変数についてのそれぞれの数値からその変数の平均値を引いて，標準偏差で割ることで算出できる。

①標準得点を算出するための行を挿入する。

うつ得点（SDS）の標準得点を算出するため，B 列の隣に C 列を挿入し，C1 のセルに変数名を入力する。社交不安（LSAS-J）も同様に，D 列の隣に E 列を挿入し E1 のセルに変数名を入力する。

※列の挿入の仕方は，挿入したい列の右隣りの列（C 列を挿入したいのならば，D 列）の列ラベル（列頭の灰色の D の部分）を右クリックした画面のなかから「挿入」を選択。

	A	B	C	D	E	F	G	H	I	J
1	ID	うつ得点 (SDS)	zうつ得点 (SDS)	社交不安 (LSAS-J)	z社交不安 (LSAS-J)			うつ得点 (SDS)	社交不安 (LSAS-J)	
2	1	32	-0.58	20	-1.04		データの数	10	10	
3	2	45	0.93	63	0.40		平均値	37	51	
4	3	38	0.12	25	-0.88		中央値	35	41	
5	4	32	-0.58	34	-0.57		最頻値	32	41	
6	5	47	1.16	56	0.17		分散	73.8	882.6	
7	6	52	1.75	130	2.66		標準偏差	8.6	29.7	
8	7	29	-0.93	41	-0.34		変動係数	0.23	0.58	
9	8	30	-0.81	41	-0.34		第一四分位数	30.5	35	
10	9	41	0.47	62	0.37		第二四分位数	35	41	
11	10	24	-1.51	38	-0.44		第三四分位数	44	60.5	
12							四分位範囲	13.5	25.5	
13							30パーセンタイル値	31.4	36.8	
14										
15										

②標準得点を算出する。

(例) ID 1 番目の回答者のうつ得点（SDS）を出すには，

C2 の式 ＝(B2-H$4)/H$8

同様に，ID 1 番目の回答者の社交不安（LSAS-J）を出すには，

E2 の式 ＝(D2-I$4)/I$8

この計算を，ID10 番目の回答者までおこなう。

※ 式のなかで "$" マークをつけた部分は，連続したデータを自動入力する（オートフィル）[1]機能を使って数式をコピーした場合でもセルの参照先を固定できる（絶対参照）[2]。

図表 3-7　Excel における標準得点の算出方法

5. データの表現

　量的データを理解する方法としては，代表値や，散布度を数値で算出するだけではなく，データを表やグラフにして，データの全体像や傾向を理解しやすくすることもできる。まず，ここでは度数分布表とヒストグラムにより，先に説明したデータの分布を，それぞれ表とグラフの形であらわしていく。

5-1 度数分布表とヒストグラム

　度数分布表[3]とは，質的変数（順序尺度，名義尺度）のカテゴリー別に，または連続するデータである量的変数（間隔尺度，比率尺度）をい

1) オートフィル機能を用いると，選択したセルに入力された式や値をもとに，自動的に連続した値をコピーすることができる。

〈オートフィル機能の方法〉
マウスのカーソルをセルの右下に合わせるとカーソルが➡マークから，＋マークに変わるので，そのまま，コピーしたい方向にドラッグする（クリックをしたまま動かす）。

2) 絶対参照とは反対に，"$" マークを付けない場合は，コピー先に対応して，相対的に参照するセルが変わっていく（相対参照）。

3) frequency table

くつかに区分けし，そのカテゴリーや区間（階級）別にあてはまる人数（度数）を示した表である。図表 3-8 は，うつ得点（SDS）について，6つの階級に分けて示した度数分布表である。

階級	度数	相対度数	累積度数	累積相対度数
20-29	2	0.2	2	0.2
30-39	4	0.4	6	0.6
40-49	3	0.3	9	0.9
50-59	1	0.1	10	1
60-69	0	0	10	1
70-79	0	0	10	1
合計	10	1		

図表 3-8　うつ得点（SDS）の度数分布表

　度数分布表には，各階級とそこに該当する度数のみならず，相対度数や累積度数，累積相対度数を示すこともある。相対度数とは各階級の度数が度数全体に占める割合であり，図表 3-8 の場合，得点が 20 ～ 29 の者は 2 名であるため，相対度数は 2÷10 で 0.2（20%）となる。

　また，累積度数はある階級までの度数を合計した値であり，図表 3-8 では，得点が 40 ～ 49 の累積度数は 2＋4＋3 の 9 となる。同様に相対累積度数は，その階級までの相対度数の割合を合計した値であるので，0.2＋0.4＋0.3 の 0.9（90%）となる。なお，累積度数と累積相対度数は，それぞれ最後の階級まで足し合わせると，度数の合計と相対度数の合計に一致する。

1）histogram

2）たとえば身長について大量のデータが得られた場合は，このヒストグラムの棒は中心付近が高く（平均値付近の階級の度数が多い），両端に向かうにつれて左右対称に低く（平均から離れた階級の度数は少なく）なっていく。この形状は，第 4 章で扱う正規分布に近いものとなる。

　さらに，度数分布表からつくられるグラフを**ヒストグラム**[1]と呼ぶ。ヒストグラムは，横軸は得点（階級）を，縦軸は度数の目盛りを示しており，棒の高さはその階級に何人があてはまるか（度数）を示す。

　図表 3-10 は，図表 3-8 をもとに作成したヒストグラムである。図表 3-8 は 10 名とデータの総数（n）が小さく，さらにうつ得点（SDS）は平均がおよそ 35 であるため，そもそもグラフの中心から左側の階級に度数が集中している[2]。

①階級，度数，相対度数，累積度数，累積相対度数を示すための範囲 （D ～ H 列）を作成する。
階級の区分を記す。ここでは，D 列に 20-29 から，70-79 までの 6 つの階級に分けた。

	A	B	C	D	E	F	G	H
1	ID	うつ得点（SDS）						
2	1	32		階級	度数	相対度数	累積度数	累積相対度数
3	2	45		20-29	2	0.2	2	0.2
4	3	38		30-39	4	0.4	6	0.6
5	4	32		40-49	3	0.3	9	0.9
6	5	47		50-59	1	0.1	10	1
7	6	52		60-69	0	0	10	1
8	7	29		70-79	0	0	10	1
9	8	30		合計	10	1		
10	9	41						
11	10	24						

②度数を数える。
・検索条件に該当する**データの数**を求める関数　COUNTIF（ ）
（例）　うつ得点（SDS）が 29 点以下の回答者を数えるには，
　　　　　E3 の式　＝COUNTIF（B2：B11,"<=29"）
　　　　　さらに，30 ～ 39 点の範囲にある回答者を数えるには，
　　　　　39 点以下の回答者数から 29 点以下の回答者数を引く
　　　　　計算を行う。
　　　　　E4 の式　＝COUNTIF（B2：B11,"<=39"）－
　　　　　　　　　　COUNTIF（B2：B11,"<=29"）
　　　　　その他の階級も同様に，該当するデータの数を算出。

③相対度数を算出する。
（例）SDS が 29 点以下の回答者の相対度数は，F3 の式 = E3/E$9 と，
　　　該当する度数を度数全体で割ることで算出できる。

④累積度数，累積相対度数を算出する。
（例）　SDS が 30～39 点の回答者の累積度数は，G4 の式＝G3＋E4 と 29 点以
　　　　下の回答者の度数と 30 ～ 39 点の回答者の度数の合計であり，
　　　　累積相対度数は，H4 の式＝H3＋F4 と 29 点以下の回答者の相対度数と
　　　　30～39 点の回答者の相対度数の合計である。
　　その他の階級も同様に，上記の②～④の作業を行っていく。
※　Excel の各セルを囲んでいる薄灰色の線は，「表示」のタブから開いたリボン
　　から「目盛線」の☑を外すと消すことができる。

図表 3-9　度数分布表の作成方法

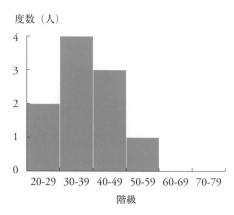

度数（人）

図表 3-10　うつ得点（SDS）のヒストグラム

5-2 グラフによる表現

　データをグラフにすることの長所は，先に述べた通りデータの持ち合わせる大まかな特徴や傾向を視覚的につかみやすい点にある。一方で，短所としては，データの詳細な情報はグラフからそぎ落とされてしまう点があり，注意が必要である。たとえば，図表 3-10 のヒストグラムの場合，SDS 得点が 24 点の人も，29 点の人もみな同じ階級（20 ～ 29 点）にまとめられてしまうことになる。

　また，グラフには種類があり，用いるグラフを選択するさいには各グラフの特徴を踏まえて，適切に判断することが求められる。ここでは，棒グラフ，折れ線グラフ，円グラフ，帯グラフ，レーダーチャート，箱ヒゲ図について，その特徴を述べていく（図表 3-11）。

　なお，グラフのなかでも量的変数どうしの関係性を示す散布図にかんしては第 7 章で扱う。

　棒グラフ [1]と**折れ線グラフ** [2]はともに，数値の大小を比較する際に用いる。棒グラフは，ある量的変数（例：平均身長）について，質的変数のカテゴリー別（例：性別における男女）に記述統計量の大きさを比べるために用いられる。棒グラフは，このカテゴリーが名義尺度である場合に用いられるが，折れ線グラフは質的変数のカテゴリーが順序尺度の場合，特に時系列にしたがった推移をみるために多く用いられる。

　図表 3-12，図表 3-13 は，令和 4 年度版，子供・若者白書（全体版）第 3 節「子供・若者の被害防止・保護」[3]において，児童相談所に寄せられた児童虐待に関する相談対応件数について，それぞれ令和 2 年度の相談件数と主たる虐待者の割合から算出した主たる虐待者の人数を棒

1) bar chart

2) line chart

3) 令和 4 年度版　子供・若者白書（全体版）第 3 節「子供・若者の被害防止・保護」https://www8.cao.go.jp/youth/whitepaper/r04honpen/s3_3.html

種類 （Excelの アイコン）	特徴	グラフの使用例
棒グラフ 	質的変数（名義尺度）別に，量的変数の値の大小を比較する。	・男女別の平均通学時間の差 ・ある年度での児童相談所の相談対応における主な虐待者の数（図表3-12）
折れ線グラフ 	質的変数（順序尺度）の並び順に量的変数の値の推移を示す。	・月間の新規感染者数の推移 ・1999～2020年までの虐待相談件数の推移（図表3-13）
レーダーチャート 	質的変数（名義尺度）別に，複数の量的変数の値の大小を比較する。	・食品の栄養バランスの比較 ・部門間におけるストレスに起因する心身の反応の比較（図表3-14）
円グラフ 	質的変数の各カテゴリーにあてはまる度数や割合(構成比)を示す。	・心理学部の男女比 ・児童虐待事件の加害者と被害者の関係の内訳（図表3-15）
帯グラフ 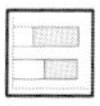	質的変数の各カテゴリーにあてはまる度数や割合(構成比)を比較する。	・学部別の男女比の比較 ・虐待事件全体と死亡事件別にみたときの加害者と被害者の関係の内訳（図表3-16）
ヒストグラム 	量的変数の度数分布を示す。	・成人男性1万人ぶんの身長データの分布 ・うつ得点(SDS)のヒストグラム(図表3-10)
箱ヒゲ図 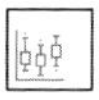	量的変数の散らばり度合いを四分位数に基づいて示す。	・都道府県別の公認心理師登録者数割合の箱ヒゲ図 ・社交不安得点（LSAS-J）の箱ヒゲ図（図表3-17）

図表 3-11　1つの変数をまとめるグラフの種類のまとめ

グラフで，平成 11 年度から令和 2 年度までの件数の推移を折れ線グラフによって表したものである。

　図表 3-12 の棒グラフからは，令和 2 年度における主な虐待者は実母が最も多いことがわかる。

　また，図表 3-13 の折れ線グラフをみると，児童虐待にかんする相談件数は，児童虐待防止法施行前の平成 11 年度の 11,631 件数から，令和 2 年度には 205,044 件と約 17.6 倍に増加していることが一目でわかる。

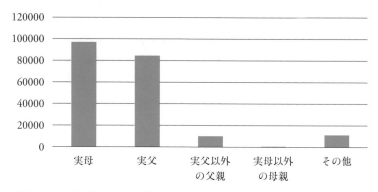

図表 3-12　棒グラフの例：児童相談所の相談対応における主な虐待者の数
（令和 2 年度）

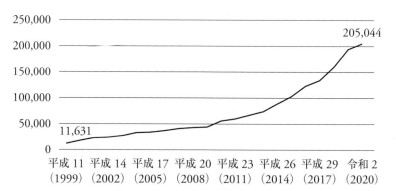

図表 3-13　折れ線グラフの例：1999 ～ 2020 年までの虐待相談件数の推移

　なお，棒グラフとヒストグラムは形状が似ているが，棒グラフの横軸がそれぞれの質的変数（例：主な虐待者）のカテゴリー（実母，実父，実父以外の父親，実母以外の母親，その他）に分かれている一方で，ヒストグラムの横軸は，連続するデータである量的変数をいくつかの階級に分けたものである。そのため，棒グラフは棒どうしが離れているのに

対して，ヒストグラムは棒の隙間がなく1つのまとまりになっている。

レーダーチャート[1]は，質的変数のカテゴリ別（例：ある学校の同一学年の1組と2組）に複数の量的変数（例：国語・算数・理科・社会・英語のテスト得点）の大小についてまとめて比較することができる。グラフの形状としては，比較したい量的変数のぶんだけ頂点の数のある正多角形が枠組みとなり，その正多角形の中心から各頂点に引いた放射状の線が各量的変数の目盛り線となる。

1) radar chart

図表3-14は，厚生労働省版のストレスチェック実施プログラム[2]をとりあげて，ある会社のA部門とB部門のストレスによって起こる心身の反応にかんする6つの尺度の評価点得点（活気・イライラ感・疲労感・不安感・抑うつ感・身体愁訴の1〜5の評価点）について，6角形で5つの目盛りからなるレーダーチャートであらわしたものである。

2) 厚生労働省版ストレスチェック実施プログラム https://stresscheck.mhlw.go.jp/

図表3-14からは，A部門に比べB部門の方がストレスに起因する心身の反応が少ないことがわかるうえ，A部門は心身のストレス反応のなかでも，特に身体愁訴[3]が強いことがわかる。

3) 身体愁訴とは，食欲不振や頭重，頭痛など。

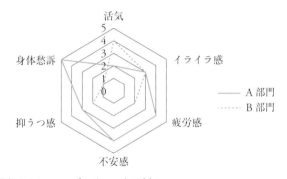

図表3-14　レーダーチャートの例：
部門間におけるストレスに起因する心身の反応の比較

円グラフ[4]と**帯グラフ**[5]はともに，ある質的変数（例：性別）について，各カテゴリー（例：男女）の度数が全体に占める割合を示したもので，円や帯全体の面積を100としたときに，各変数が占める割合（構成比）をそれぞれの扇形や帯の幅の面積に分けて示す。

4) pie chart

5) band chart

図表3-15は，令和4年度版　子供・若者白書（全体版）第3節「子供・若者の被害防止・保護」において，令和2年度に警察が検挙した児童虐待事件全体における加害者と被害者の関係の割合を円グラフであらわしたものであり，図表3-16は事件全体と死亡事件別にみたときの加害者と被害者の関係の割合を帯グラフによってあらわしたものである。

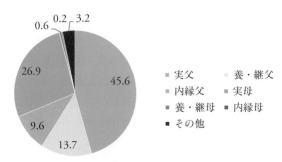

図表 3-15　円グラフの例：児童虐待事件の加害者と被害者の関係の内訳

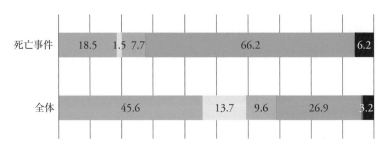

図表 3-16　帯グラフの例：
事件全体と死亡事件別にみたときの加害者と被害者の関係の内訳

　なお，円グラフと帯グラフの違いは，円グラフが主に 1 つの質的変数（例：被害者と加害者との関係）のカテゴリー別（例：実父，養・継父，内縁父，実母，養・継母，内縁母，その他）に該当する割合を示すことが多く，帯グラフは 2 つの質的変数（例：事件全体か死亡事件かという事件別のカテゴリーと，実父や実母などの被害者と加害者の関係別のカテゴリー）についてカテゴリー別に割合を示すことも可能な点にある。したがって，構成比を比較したい場合には帯グラフが適しており，図表 3-16 の帯グラフをみると，児童虐待事件全体でみたときの加害者は 45.6％と実父の割合が高い一方で被害児童が死亡に至った事件では，加害者の 66.2％が実母であるという違いがみてとれる。

1) box-and-whisker plot

　箱ヒゲ図[1]は，中央値と四分位数，最大値，最小値をグラフに反映したものである。グラフの形状としては，その名の通り四角い箱の上下（あるいは左右）に，ヒゲが伸びている。
　まず，この箱の下辺（左辺）が第 1 四分位数であり，箱のなかに引かれた線が中央値（第 2 四分位数），箱の上辺（右辺）が第 3 四分位数である。ヒゲの部分に関しては，ヒゲの下端（左端）が最小値であり，

上端（右端）が最大値である。なお，この最小・最大値は，外れ値を除いたものである。

　図表 3-17 は，図表 3-2 の社交不安得点（LSAS-J）を箱ヒゲ図で示したものであるので，この得点の最大（小）値や，図表 3-6 で示した四分位数と照らし合わせてみるとよい。なお，図表 3-17 内の×マークは平均値を示している。

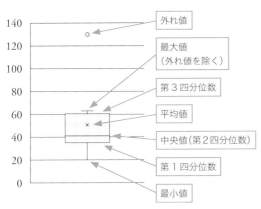

図表 3-17　社交不安得点（LSAS-J）の箱ヒゲ図

6. グラフの作り方

　ここまで，さまざまなグラフを取り上げてきたが，Excel を用いてグラフを作る方法を紹介していく。

　ステップ 1 でグラフを表示する方法について説明し，続くステップ 2 では，グラフを選択する方法を説明する。その後，Excel のグラフを構成する各部分の名称や意味の説明をはさみ，ステップ 4 では表示されたグラフを編集する方法を説明する。ステップ 1 〜 4 において，具体的に先の節で取り上げた図表 3-13 の折れ線グラフを作成する方法を主な例として挙げていくが，各ステップでの具体的な操作については，➡ と下線の説明箇所を参照されたい。

ステップ 1．データ範囲を選択する

jikkyo contents

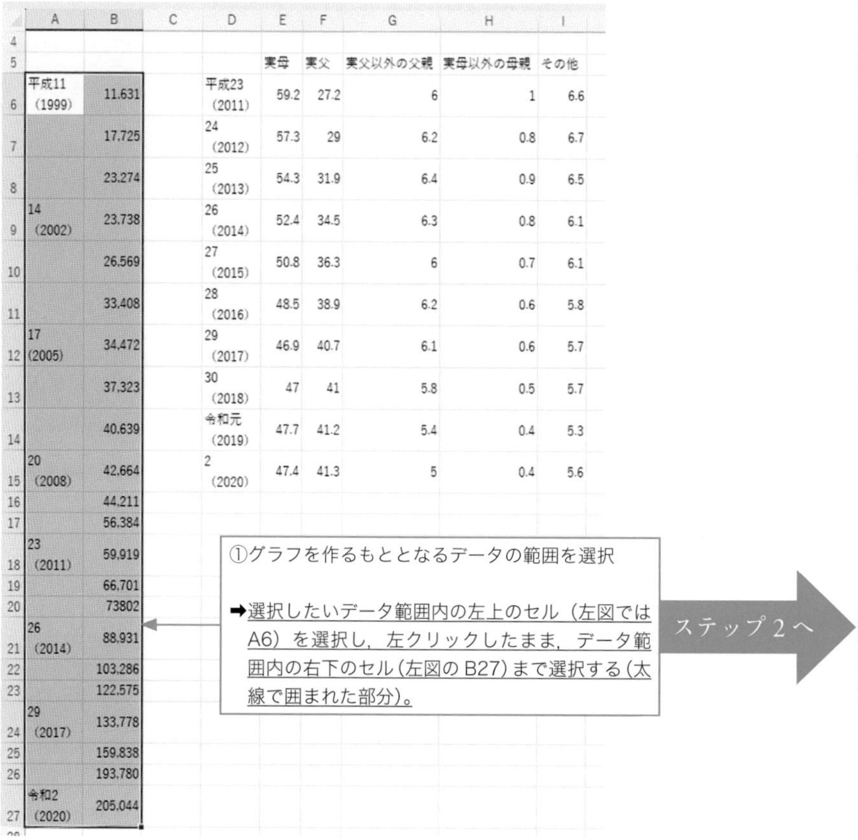

	A	B	C	D	E	F	G	H	I
4									
5					実母	実父	実父以外の父親	実母以外の母親	その他
6	平成11（1999）	11.631		平成23（2011）	59.2	27.2	6	1	6.6
7		17.725		24（2012）	57.3	29	6.2	0.8	6.7
8		23.274		25（2013）	54.3	31.9	6.4	0.9	6.5
9	14（2002）	23.738		26（2014）	52.4	34.5	6.3	0.8	6.1
10		26.569		27（2015）	50.8	36.3	6	0.7	6.1
11		33.408		28（2016）	48.5	38.9	6.2	0.6	5.8
12	17（2005）	34.472		29（2017）	46.9	40.7	6.1	0.6	5.7
13		37.323		30（2018）	47	41	5.8	0.5	5.7
14		40.639		令和元（2019）	47.7	41.2	5.4	0.4	5.3
15	20（2008）	42.664		2（2020）	47.4	41.3	5	0.4	5.6
16		44.211							
17		56.384							
18	23（2011）	59.919							
19		66.701							
20		73802							
21	26（2014）	88.931							
22		103.286							
23		122.575							
24	29（2017）	133.778							
25		159.838							
26		193.780							
27	令和2（2020）	205.044							

①グラフを作るもととなるデータの範囲を選択
➡選択したいデータ範囲内の左上のセル（左図ではA6）を選択し，左クリックしたまま，データ範囲内の右下のセル（左図のB27）まで選択する（太線で囲まれた部分）。
ステップ2へ

図表 3-18　データ範囲を指定する方法

ステップ2. 適切なグラフを指定する[1]

1) グラフの形の中には三次元（3D）のものがあるが，心理学のレポートや論文では，三次元で表示する必要がない限り，基本的に二次元（2D）のグラフを用いる。
　Excel にて，ヒストグラムを作成する場合，棒グラフの棒の間隔をなくすことで作成できる。

②データ範囲を選択後，「挿入」のタブをクリックすると，タブの下にリボン（薄灰色の部分）が開く。

③棒，折れ線，円グラフを作る場合

→リボン内の「グラフ」のなかから，適切なグラフのアイコンを選択。
➡ここでは，折れ線グラフを作成するので，※のアイコンをクリック。
➡開いた画面上部の 2-D 折れ線のなかで，〰を選択

2-D 折れ線

※　各グラフのアイコンについては，図表 3-11 を参照。
※　各アイコンをクリックすることで詳細にグラフの形を指定できる。

③´ 帯グラフ，レーダーチャート，箱ひげ図などを作る場合

→「グラフ」のリボンの右下にある⤢をクリック。
→「グラフ挿入」画面内「すべてのグラフ」タブを選択。

グラフの挿入
おすすめグラフ ［すべてのグラフ］

※　各グラフのアイコンについては，図表 3-11 を参照。
※　棒，折れ線，円グラフにかんしても，「すべてのグラフ」タブのなかから選択し，詳細に指定することもできる。

ステップ 4 へ

グラフタイトル

250,000
200,000
150,000
100,000
50,000
0

平成 11　平成 14　平成 17　平成 20　平成 23　平成 26　平成 29　令和 2
（1999）（2002）（2005）（2008）（2011）（2014）（2017）（2020）

図表 3-19　グラフの形式の指定方法

ステップ3. グラフの各部分を理解する

　グラフは，ステップ2のように表示するだけは完成しない。続くステップ4のように，表示されたグラフを編集する必要がある。図表3-20は，先の節で示した図表3-16の帯グラフを用いて，グラフを構成する各部分を名称とともに，簡単に解説する。

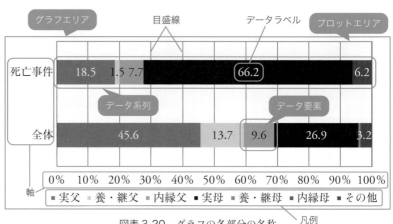

図表3-20　グラフの各部分の名称

　上記の部分をグラフの元となる表と照らし合わせると，図表3-21の通りになる。

（縦）軸	実父	養・継父	内縁父	実母	養・継母	内縁母	その他
全体	45.6	13.7	9.6	26.9	0.6	0.2	3.2
死亡事件	18.5	1.5	7.7	66.2	0	0	6.2

図表3-21　表とグラフの各部分の名称との対応関係

　大きな部分から説明していくと，まず，軸や凡例も含め，グラフを構成するすべての部分を含む領域が**グラフエリア**である。
　次に，グラフの**データ系列**や**目盛線**を含む部分が，**プロットエリア**である。データ系列とは，表の1行（または1列）のデータをグラフ化したものであり，1つの行や列内の各数値を示しているものが**データ要素**である。それぞれのデータ要素の具体的な数値を示すために，**データラベル**を表示することも可能である。プロットエリア外には，縦と横の

データの系列や要素を理解するために**軸**や**凡例**を表示している。

　なお，ここには表示していないが，グラフのタイトルである**グラフタイトル**や軸の単位を示すための**軸ラベル**を表示することもできる。

ステップ4. グラフを編集する

　表示されたグラフは，さまざまな形で編集することが可能である。たとえば，表示する要素やデータを取捨選択したり，色やスタイルなどのデザインを変更したりすることができる（図表3-22）。

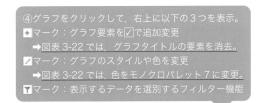

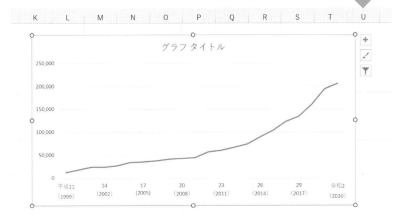

図表3-22　グラフの編集①

　また，ステップ3で説明したグラフを構成する各部分には，それぞれ書式設定がある。この書式設定によりグラフの詳細な編集が可能になる（図表3-23）。ここでは，横軸の書式設定を一例に述べるが，縦軸も同様にフォントに関する書式設定を行うと，前節図表3-13と同じグラフとなる。

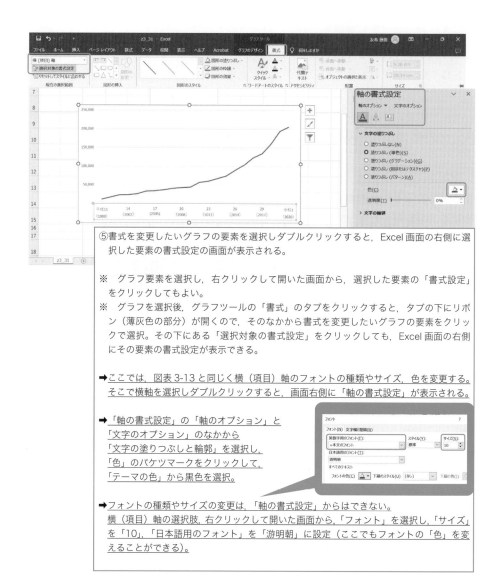

⑤書式を変更したいグラフの要素を選択しダブルクリックすると，Excel 画面の右側に選択した要素の書式設定の画面が表示される。

※　グラフ要素を選択し，右クリックして開いた画面から，選択した要素の「書式設定」をクリックしてもよい。

※　グラフを選択後，グラフツールの「書式」のタブをクリックすると，タブの下にリボン（薄灰色の部分）が開くので，そのなかから書式を変更したいグラフの要素をクリックで選択。その下にある「選択対象の書式設定」をクリックしても，Excel 画面の右側にその要素の書式設定が表示できる。

➡ここでは，図表 3-13 と同じく横（項目）軸のフォントの種類やサイズ，色を変更する。そこで横軸を選択しダブルクリックすると，画面右側に「軸の書式設定」が表示される。

➡「軸の書式設定」の「軸のオプション」と
「文字のオプション」のなかから
「文字の塗りつぶしと輪郭」を選択し，
「色」のバケツマークをクリックして，
「テーマの色」から黒色を選択。

➡フォントの種類やサイズの変更は，「軸の書式設定」からはできない。
横（項目）軸の選択肢，右クリックして開いた画面から，「フォント」を選択し，「サイズ」を「10」，「日本語用のフォント」を「游明朝」に設定（ここでもフォントの「色」を変えることができる）。

図表 3-23　グラフの編集②

　　　知能指数（IQ）と心理統計の関係性

　心理検査法の1つに，知能検査がありますが，なかでもしばしば用いられるものとして，A.ビネーの考案したビネー式知能検査と，D.ウェクスラーが考案したウェクスラー式知能検査があります。これらの検査では，ともに，知能指数（IQ：Intelligence Quotient）を算出しますが，もしIQが150の人がいたとして，この人はIQが100の人よりも「1.5倍知能が高い」などと言ってよいのでしょうか？　また，6歳でIQが100の子どもと12歳でIQが100の子どもとでは同じだけ頭が良いということなのでしょうか？

　知能検査において，IQという数値だけが一人歩きするのは望ましくありませんが，この数値ひとつをとっても，IQの算出方法を理解していなければ，その意味を誤った解釈をしかねず，ひいては誤った検査結果にもとづく支援に結び付きかねないので，注意が必要です。

　先に挙げた2種類の知能検査のうち，より歴史の古いビネー式知能検査では比率IQが用いられてきました＊。比率IQとは，以下の式のように知能検査の結果から推測された精神年齢（mental age）を実際の年齢である生活年齢（chronological age）で割った値に100を掛けて算出します。

$$比率 IQ = \frac{精神年齢}{生活年齢} \times 100$$

　たとえば，本人の年齢が6歳であるが，検査の結果，9歳の知能を持ち合わせているならば，9÷6×100で，IQは150になります。ただし，子どもは実際の年齢に伴って精神年齢も向上していきますが，大きくなるにつれて向上の度合いは緩やかになるため，子どものうちは高い知能指数が出て，高齢になればなるほど知能指数が下がりがちになってしまう問題があります。

　一方，ウェクスラー式知能検査では，当初より偏差IQ（DIQ：Deviation IQ）が用いられてきました。偏差IQは，ある人の知能検査の得点が，同年代の人々から得られた得点の散らばりのなかで，どこに位置付けられるかにより算出されます。つまり，本章で取り上げた標準得点や偏差値と同じ考え方です。したがって，ウェクスラー式の偏差IQは，以下の式のように算出します。

$$偏差 IQ = \frac{ある人の知能検査の得点 - 同年代の人の平均点}{同年代の人の標準偏差} \times 15 + 100$$

　この偏差IQの値は，正規分布に従うことがわかっています。正規分布にかんしては次章にて扱いますが，ウェクスラー式知能検査の場合，この偏差IQの平均は100であり，標準偏差は15となるように補正（規準化）されており，IQが70（平均である100から，標準偏差に2を掛けた30を引いた値）未満の場合，日常生活における適応の度合いも総合的に判断して，知的障害と診断されます。

＊）　現在では，ビネー式検査でも14歳以上の場合，偏差IQの考え方も採用しています。

4

Chapter

推測統計

　手元にある限られたデータから，より一般的な心
の傾向や普遍的な心の法則を導きたいと考えたとす
る。これらを統計的な手法によって示すためには，
推測統計を用いることとなる。本章では，推測統計
について理解を深めるために，母集団と標本につい
て解説し，確率的な分布の理解や二種類の推定方法
について紹介する。さらに，推測統計の重要な要素
の1つとして，仮説検証の方法についても解説を行
う。

1. 推測

1) inference

1-1 推測 [1]とは

「推測」と聞いて，どのようなことを想像するだろうか。たとえば，コミュニケーションにおいて「この人はこんなことを伝えたいのかな」と想像したり，話を聞きながら「この人にはこんな背景があるのでは」と考えたり，外食をする時に「この時間だと，あの店は混んでいるかな」と予想したりすることが日常的な推測として挙げられる。いずれの「推測」においても，得られた情報から，不確定で未知な情報を推し量る行為が働いている。

　第3章の記述統計では，得られた情報を加工して代表性のある数値で表現したり，グラフで表現したりすることでデータの特徴をわかりやすくする方法について解説した。一方で，ここからの推測統計では，得られた情報から未知の情報を推測する方法を解説する。それでは，統計学における推測のターゲットはどのようなものだろうか。

1-2 母集団と標本

2) population

　統計学における推測のターゲットは母集団の情報である。**母集団**[2]とは調査の対象となるすべての人々によって構成される集団である。たとえば，日本人の心理的な傾向を知りたいときには，母集団はすべての日本人ということになる。ここからは，そもそも，なぜ母集団の情報を推測する必要があるのかということから紹介する。

　特に，心理学における調査では，大学生や日本人や世界中の人々の心理的な傾向を研究の対象とすることが多い。その調査においては，紙媒体やWebを通じて調査用紙を配布し，多くの人々からの回答を得る。たとえば，大学生を対象とした場合，母集団の全員から，すなわち世界中の大学生から漏れなく調査への回答を得ることができた場合[3]には，母集団そのものの心理的な傾向を直接的に知ることができる。しかしながら，母集団の全員から回答を得るためには膨大なコストがかかるため，現実的な方法とはいえない。そこで，心理学では，母集団から無作為抽出された人々の情報を用いて，母集団の情報を推測するという形をとる。**無作為抽出**[4]とは，作為的に人を選ぶのではなく，ランダムに割り当てられた人から回答を得ることである。そして，母集団から抽出された人々を**標本**[5]と呼び，標本から得られた情報を**標本データ**と呼ぶ。

3) これを全数調査と呼ぶ。一例として，国勢調査などが挙げられる。

4) random sampling

5) sample

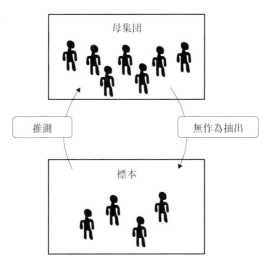

図表 4-1　母集団と標本

　たとえば，この世界が 100 人しか存在しない小さな村だとしよう。この村全体の楽観性を調査することを考えた。楽観性を評価する際には，次の 4 つの質問から総合的に測定[1]することとした。

【質問】
　Q1.　明日はきっといい日になると思う
　Q2.　どんなことがあっても前向きに考える
　Q3.　問題が起きても何とかなると思う
　Q4.　人生は上手くいくと思う

1）心理学においては，心の状態を数字で評価するために尺度が用いられる。多くの場合，尺度は複数の項目によって構成される。ここでは，楽観性という心の状態を 4 つの質問によって測定することで，1 つの質問で測定するよりも，楽観性を総合的に測定できるようになっている。

　これらの 4 つの質問に対して，以下の 5 つの選択肢から自身の考えにもっともあてはまる選択肢の回答を求めた。

【選択肢】
　1＝全くあてはまらない
　2＝あまりあてはまらない
　3＝どちらともいえない
　4＝ややあてはまる
　5＝とてもあてはまる

　それでは，あなたもそれぞれの質問に回答してみよう。本書の web サイトの Excel の「01_楽観性への回答」のシートを開き，C2 のセル

jikkyo contents

をクリックし，▼をクリックすると，画像のように選択肢が表示されるので，性別，Q1，Q2，Q3，Q4の質問にあてはまる選択肢を回答してみよう。

	A	B	C	D
1	ID	性別	Q1=明日はきっと いい日になると思う	Q2=どんなことが あっても前向きに考える
2	あなたの回答		▼	
3			1=全くあてはまらない	
4			2=あまりあてはまらない	
5			3=どちらともいえない 4=ややあてはまる 5=とてもあてはまる	
6				

図表 4-2

　すべてに回答すると，Gの列にある「楽観性の得点」に，Q1からQ4までの回答の合計点が，あなたの楽観性の得点として計算される。

jikkyo contents

　これと同じ方法で，世界が100人しか存在しない小さな村の全員を対象に調査を行って得られたデータを本書のwebサイトのExcelの「02_母集団_テキスト」に示す。また，テキストを数値に変換したデータは「03_母集団_数値」に示す。このように母集団の全員に対して調査ができる場合は，推測をする必要もないが，現実的な調査において母集団の全員のデータを収集することは困難である。そこで，多くの調査が，たとえば村全体の楽観性を推測するために無作為に調査用紙を10人に配り回答を得るような形で，母集団から無作為に標本データを抽出する。ここでは，母集団が100人の村人，無作為抽出された標本が調査に回答した10人の村人ということになる。

1-3 母数と統計量

　ここからは，母集団のデータと標本のデータの用語を整理する。母集団の平均値や標準偏差などの統計的な数値のことを**母数**[1]，標本に関する統計的な数値のことを**統計量**[2]と呼ぶ。母集団は常に同じメンバーで構成されるため，母数は常に同じ値となるが，標本となるメンバーは確率的に変動するため，標本の平均値などの統計量もまた確率的に変動する。たとえば，100人の村で10人の標本から楽観性の回答を得たときに，標本の平均値が11.50となることもあるし，10.70となることもある。このように確率的に変動する標本の平均値や分散から，母集団の平均値[3]や母集団の分散[4]などの，母数を推測することが推測統計だといえる。

1) parameter

2) sample statistics

3) 統計学では，母集団の平均をμ，標本の平均を$\bar{x}$と表記する。

4) 統計学では，母集団の分散をσ^2，標本の分散をs^2と表記する。

確率的に変動する統計量から，母数を推測するためには，確率について理解を深める必要がある。確率とは，ある事象が生じる可能性を割合であらわしたものである。たとえば，コインを投げたとき，表が上になる確率は $\frac{1}{2}=50\%$ となる。また，サイコロを投げたとき，1の目が出る確率は $\frac{1}{6}=$ 約 17% となる。これらの確率の分布（確率分布）を図表にまとめると，以下の通りとなる。

コインの裏表	表	裏
確率	$\frac{1}{2}$	$\frac{1}{2}$

図表 4-3　コインの確率

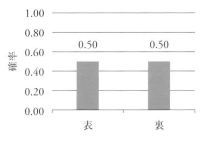

図表 4-4　コインの確率分布

サイコロの目	1	2	3	4	5	6
確率	$\frac{1}{6}$	$\frac{1}{6}$	$\frac{1}{6}$	$\frac{1}{6}$	$\frac{1}{6}$	$\frac{1}{6}$

図表 4-5　サイコロの目の確率

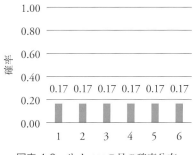

図表 4-6　サイコロの目の確率分布

1) uniform distribution

このように，いずれの事象の確率も同じになる場合の分布を**一様分布**[1]と呼ぶ。

それでは，今度は 2 つのサイコロの合計値の確率について考える。たとえば，2 つのサイコロの合計値が 2 になる確率と 6 になる確率は，それぞれどれくらいになるか考えてみてほしい。

まず，すべてのサイコロの組み合わせの数を考えてみると，2 つのサイコロの組み合わせであるから，6×6 の 36 通りとなる。この組み合わせの中で合計値が 2 になるパターンは，いずれのサイコロも 1 の目が出る組み合わせの 1 パターンのみとなる。したがって，合計値が 2 になる確率は $\frac{1}{36}$ となる。一方で，合計値が 6 になる組み合わせは，以下の 5 通りとなる。

1 個目のサイコロ	2 個目のサイコロ	合計値
1	5	6
2	4	6
3	3	6
4	2	6
5	1	6

図表 4-7　2 つのサイコロの合計値が 6 になるパターン

このようにして，2 つのサイコロの合計値の組み合わせの数と確率を算出すると以下の図表 4-8 の通りとなる。

サイコロの合計値	2	3	4	5	6	7	8	9	10	11	12
組み合わせの数	1	2	3	4	5	6	5	4	3	2	1
確率	0.03	0.06	0.08	0.11	0.14	0.17	0.14	0.11	0.08	0.06	0.03

図表 4-8　2 つのサイコロの目の合計値の確率

図表 4-9 のように，2 つのサイコロの合計値の確率分布は，一様分布とは異なり，左右対称で，中央が最も高い確率，左右の端に向かって低い確率となる，山のような分布となる。

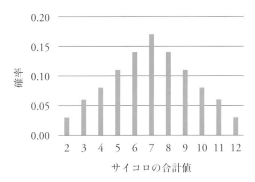

図表 4-9　2 つのサイコロの目の合計値の確率分布

　それでは，心理的な傾向を表すデータの確率分布はどのようになるだろうか。たとえば，先にあげた，100 人の村人のうち 10 人から無作為に回答を得たときに，楽観性の平均値の確率分布は，一様分布と山のような分布のうち，どちらの形に近い分布になるだろうか。例として，10 人から無作為に回答を得る調査を 10 回行った場合を考える。10 回の調査を行った詳細な結果は，本書 web サイトの Excel の「04_ 標本」の通りである。それぞれの標本の楽観性の平均値を表にまとめると図表4-10 のようになる。

jikkyo contents

標本 1	11.50
標本 2	10.70
標本 3	11.90
標本 4	10.70
標本 5	11.70
標本 6	11.60
標本 7	10.60
標本 8	11.60
標本 9	12.20
標本 10	11.40

図表 4-10　10 人から無作為に回答を得る調査を 10 回行った場合の楽観性の平均値

このように，標本の平均値は確率的に変動しており，標本の抽出をやり直すたびに異なる値が得られる。標本1から標本10のように確率的に変動する標本の平均値から母集団の平均値を正確に推測するためには，標本の平均値の確率分布が重要になる。そこで，得られた標本について階級幅を0.5として各階級の確率をグラフにまとめると，図表4-11の通りとなる。

　グラフを見てわかる通り，確率的に変動する心理的な傾向は一様分布ではなく，山のような確率分布となる。そして，統計学では，母集団から無作為に抽出される標本平均の確率分布が山のような分布，より正確にいえば「正規分布に従う」と仮定することによって，標本の平均値から母集団の平均値を正確に推測する。なお，このような仮定は，中心極

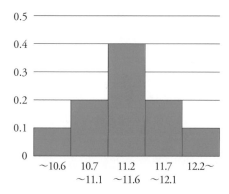

図表 4-11　10回の調査から得られた楽観性の平均値の確率分布

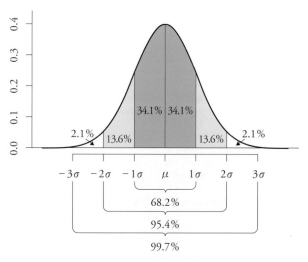

図表 4-12　正規分布

限定理によって裏付けられている。**中心極限定理**[1]とは，母集団から無作為抽出された標本平均の分布が，サンプルサイズが大きくなるほど，正規分布に近づくという定理である。

　それでは，ここで正規分布について簡単に紹介する。**正規分布**[2]とは，図表 4-12 のように，縦軸を確率，横軸を変数のとりうる値の範囲とし，平均値を頂点とする左右対称の山のような確率分布である。μは平均値，σは標準偏差をあらわしている。

　正規分布の特徴として，得られる標本平均が母平均から $\pm 1\sigma$ の範囲に収まる確率が 68.26％，$\pm 2\sigma$ の範囲に収まる確率が 95.44％，$\pm 3\sigma$ の範囲に収まる確率が 99.74％ となることが挙げられる。標本平均の確率分布がこのような特徴をもつ正規分布に従うと仮定することで，得られた標本の平均値と標準偏差の情報から，母平均を幅をもって推定することが可能となる。

1-4　点推定と区間推定

　母平均などの母数を幅をもって推定することを**区間推定**[3]と呼ぶ。一方で，母数を「1つの値」（点）で推定する方法を**点推定**[4]と呼ぶ。たとえば，点推定の一例として，標本平均を母平均と見なすことが挙げられる。しかし，標本平均が確率的に変動することを考慮すると，点推定のみで正確な推測ができるとはいえない。そこで，幅をもって母数を推定する区間推定が必要となる。区間推定では，母集団の分布が正規分布に従うと仮定できるときに，○○点から○○点という区間の形で母平均を推定することができる。このようにして推定される区間を**信頼区間**[5]と呼ぶ。

　この信頼区間は 95％信頼区間や 90％信頼区間といった形で用いられる。たとえば，95％信頼区間では，「母集団から標本を抽出し，母平均の 95％信頼区間を計算する」ということを 100 回繰り返したとき，95 回は計算された信頼区間の範囲に母平均が含まれることとなる。このようにして，母平均を幅をもって推定することが可能となる。

　ここまで，区間推定について説明してきたが，まだイメージができていない人がほとんどであろう。そこで，ここからは，実際に 95％信頼区間を計算してみる。

　95％信頼区間を計算するために必要となる材料は，標本平均と標準誤差である。

1) central limit theorem
2) normal distribution

3) interval estimate
4) point estimate

5) confidential interval

　中心極限定理では，サンプルサイズが大きくなるほど，サンプルの平均値の分布が正規分布に収束することが知られている。この性質によって，統計学では，十分なサンプルサイズが得られている場合に，正規分布を仮定して，より正確な推定が可能となる。

　特に，統計学では確率的に変動する数値を正確に推定することが重要となる。このとき，中心極限定理は，「正規分布」を仮定できることの根拠を提供してくれる。

　このように，中心極限定理は，母集団が未知であっても，得られた平均の確率分布として正規分布を仮定できることを教えてくれる。その結果として，より正確に母集団の情報を推定できるようになるという点で，統計学の根幹を支える重要な定理だといえる。

　さらに，確率的な分布が「正規分布」に従うことを仮定できることは，統計的な分析を行う上で，多くのメリットがある。その一例として，第 4 章では 95％信頼区間を挙げている。95％信頼区間は，母集団の平均を標本のデータから幅をもって推定するものであり，このような区間推定は正規分布に従うことを仮定することで，統計的に妥当な推定が可能となる。仮に，正規分布を仮定できない場合には，確率的に変動する標本の平均を正確に推定することは困難になる。

　また，仮説検定においても，正規分布を仮定することは重要な役割を果たしている。たとえば，t 検定や分散分析においても，データが正規分布に従うことを前提として，すべての理論的な基盤が形成されている。

　また，95％信頼区間の計算と同様に，正規分布に従うことを仮定することで，得られた t 値や F 値などの統計量が，帰無仮説を前提とした場合に起こり得る（5％を下回らない）値なのか，起こりえない（5％を下回る）値なのかを判定するために，統計値が得られる確率（p 値）を計算することが可能となる。

　このように，統計学の多くの検定は正規分布を仮定することで成り立っており，正規分布の仮定は中心極限定理によって支えられている。

　このように，正規分布を仮定する分析を，**パラメトリック検定**と呼ぶ。

　一方で，仮にサンプルサイズが十分ではなく，データが正規分布に従わない場合には，正規分布を仮定しない仮説検定を用いる必要がある。このように，正規分布を仮定しない仮説検定を**ノンパラメトリック検定**と呼ぶ。

　得られたデータの性質に合わせて，適切な検定を選択することが重要である。

1-5 標準誤差

ここで新しく登場する**標準誤差**[1]について説明する。

標準誤差とは，標本から得られた統計量によって推定される母数の値[2]が，どの程度の信頼性を有するのかをあらわす数値である。これは言い換えると，推定量[3]のばらつき具合（＝精度）を推定した値だといえる。たとえば，標本平均から推定される母平均の精度は，標本平均の標準誤差[4]の計算によって数値であらわすことができる。標本平均の標準誤差は，母集団の分散（母分散）がわかる場合には，以下の式によって求められる。

$$\text{標本平均の標準誤差} = \sqrt{\frac{\text{母分散}}{\text{サンプルサイズ}}}$$

$$SE = \sqrt{\frac{\sigma^2}{n}}$$

この式の意味を理解するためには，サンプルサイズが大きくなるほど，推定の信頼度が高まることを理解する必要がある。たとえば，サンプルサイズが 10 の場合の標本平均の確率分布と 30 の場合の標本平均の確

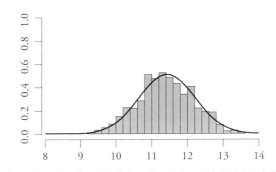

図表 4-13　サンプルサイズが 10 人の場合の標本平均の確率分布

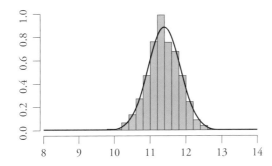

図表 4-14　サンプルサイズが 30 人の場合の標本平均の確率分布

1) standard error

2) これを推定量という。

3) estimator

4) 標準誤差は，標本から得られた情報から推定される母集団の情報の精度を表す。標準誤差には，「標本平均の標準誤差」の他に，標本の標準偏差から推定される母集団の標準偏差の精度を表す「標準偏差の標準誤差」もある。この他にも，2 つの平均値の差の推定量の精度を表す「差の標準誤差」，回帰係数の推定量の精度を表す「係数の標準誤差」などがある。

1）中心極限定理の詳細については コラム（p.68）に記載されている。

率分布を比べてみると，図のように，30 の場合の方が左右対称のきれいな山で，正規分布に近い分布であり，標本平均のばらつき具合が小さいことが見て取れる。

　統計学においては，中心極限定理[1]により，母集団から無作為抽出された標本平均の確率分布は，サンプルサイズが大きくなるにしたがって，正規分布に近づくことが知られている。さらに，サンプルサイズが大きければ大きいほど，母平均に近い標本平均が得られる確率が高まることが知られている。つまり，サンプルサイズが大きければ大きいほど，標本平均によって推定される母平均の推定量の信頼度は高まる（＝標準誤差は小さくなる）。そこで，母集団のばらつき具合の指標である母分散をサンプルサイズで割ることで，信頼度を調整した値を標準誤差として用いることとなる。

　ここまで，母分散がわかる場合について考えたが，実際に推測を行う場面では，母分散がわからないことがほとんどである。そもそも，第3章において分散の計算方法を紹介した通り，分散を計算するためには，平均の値が計算されている必要があるため，母分散がわかる場合は，母平均の値がすでにわかっているということになるが，多くの場合，母平均も母分散もわからないからこそ推測が必要になる。そこで，次は，母分散がわからない場合の標準誤差について考えてみよう。

　母分散がわからない場合には，標本の情報から母分散を推定することになる。そのために用いられる数値が不偏分散である。不偏分散とは，標本の情報から母分散を推定する際に用いられる推定量である。

　ここで，標本の分散を計算する方法を今一度思い出してほしい。それは以下の式の通りである。

$$標本の分散 = \frac{偏差平方和}{サンプルサイズ}$$

$$s^2 = \frac{\sum (x_i - \bar{x})^2}{n}$$

　標本平均を母平均として見なしたように，標本の分散を母分散として代用することができれば話は単純である。しかし，実際には，標本の分散を母分散として代用することはできない。なぜなら，標本平均が確率的に母平均よりランダムに低い値となったり高い値となったりするのに対して，標本の分散は母分散よりも必ず小さくなることが知られているからである。

　たとえば，母平均が5.5のときに，

$$[4, 6, 3, 5]$$

という標本のデータが得られた場合を考えてみよう。このときの標本の平均と分散を計算してみると，標本の平均は 4.5，分散は 1.25 となる[1]。一方で，母平均 5.5 を用いて分散を計算してみると，2.25 となる[2]。

これを図にすると図表 4-15 のようになる（標本平均との偏差を破線，母平均との偏差を太線で示す）。

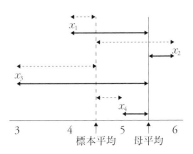

図表 4-15　標本の分散と母分散

このように，標本平均と母平均で分散を計算すると，必ず標本平均の方が小さな値となる。これは，標本平均が各データの重心をとるように，言い換えると，分散が最も小さくなるように設定されるためである。したがって，母平均が標本平均よりも大きな値でも小さな値となる場合でも，標本の分散は母分散よりも必ず過小評価されることになる。

そこで，標本の情報から母分散を推定する際には，サンプルサイズではなくサンプルサイズ−1[3]で割るという工夫を行う。このように，サンプルサイズ−1で表現される値を**自由度**[4]と呼ぶ。そして，このようにして求められる母分散の推定値を**不偏分散**[5]と呼ぶ。これは次のような式であらわされる。

$$不偏分散 = \frac{偏差平方和}{サンプルサイズ - 1}$$

$$\widehat{\sigma}^2 = \frac{\sum (x_i - \overline{x})^2}{n - 1}$$

実際に，先の例の不偏分散を計算すると 1.67 となり[6]，標本分散の 1.25 と比べて，母分散の 2.25 に近い値となることがわかる。

標本の分散が記述統計であるのに対して，不偏分散は推測統計によって求められる母分散の推定値である。母分散が未知の場合には，この不偏分散を母分散と見なして用いることで，標準誤差を求めることができる。これは次のような式であらわされる。

[1] $\dfrac{0.5^2 + 1.5^2 + 1.5^2 + 0.5^2}{4}$

$= \dfrac{5}{4} = 1.25$

[2] $\dfrac{1.5^2 + 0.5^2 + 2.5^2 + 0.5^2}{4}$

$= \dfrac{9}{4} = 2.25$

[3] 不偏分散の計算においては，母分散の推定が過小評価されることを避けるために，サンプルサイズではなく，自由度で偏差平方和を割ることとなる。自由度に関する詳細な解説はコラム「自由度が n −1の理由」（p.93）を参照されたい。

[4] degrees of freedom

[5] unbiased variande

[6] $\dfrac{0.5^2 + 1.5^2 + 1.5^2 + 0.5^2}{4 - 1}$

$= \dfrac{5}{3} = 1.67$

$$\text{標準誤差} = \sqrt{\frac{\text{不偏分散（母分散の代わり）}}{\text{サンプルサイズ}}}$$

$$\text{SE} = \sqrt{\frac{\widehat{\sigma^2}}{n}}$$

　これで，母分散が未知の場合でも，標準誤差を求めることができるようになった。

　ところで，不偏分散の計算でも，標準誤差の計算でも，サンプルサイズで割る作業をしていることに疑問をもつ人もいるかもしれない。具体的には，不偏分散の計算過程では，偏差平方和を（サンプルサイズ−1）で割ることで算出される。この計算過程で（サンプルサイズ−1）で割る目的は，母集団においてひとつひとつのデータが母平均から平均的にどのくらい離れているのかを推定するためである。その一方で，標準誤差の計算過程で，不偏分散をサンプルサイズで割る目的は，サンプルサイズが大きければ大きいほど標本から推定される母平均の信頼性が高い（＝標準誤差が小さい）と評価されるように，サンプルサイズによって信頼性の情報を付与していることとなる。このように，同じサンプルサイズを用いた計算でも，それぞれの意味は異なることも押さえておくことが重要である。

1-6　95％信頼区間

　ここまで，推定される母平均の信頼性の情報をあらわす標準誤差について紹介してきた。この標準誤差を上手く活用することで，**95％信頼区間**を計算することができる。95％信頼区間の計算方法は次の通りである。

$$\text{95\％信頼区間} = \text{標本平均} \pm 1.96 \times \text{標準誤差}$$
$$\text{95\％信頼区間} = \overline{x} \pm 1.96 \times \text{SE}$$

　ここで登場する数値のうち，標本平均と標準誤差はすでに紹介した通りである。それでは，1.96とは何であろうか。図表4-12の正規分布を思い出してほしい。正規分布では，得られる標本平均が$\pm 2\sigma$[1]の範囲に収まる確率が95.4％となることを紹介した。そして，得られる標本平均がちょうど95％の範囲に収まるときの範囲は，$\pm 1.96\sigma$となる。これに母平均の推定量のばらつき具合を表す標準誤差をかけることで，95％信頼区間を計算することができる。

1)　σは標準偏差。

それでは，実際に，95％信頼区間を計算してみよう。たとえば，100人の村において，10人から無作為に回答を得たとき，

$$[11, 13, 16, 9, 10, 12, 12, 12, 12, 8]$$

という楽観性の得点が得られたとする。このデータから，95％信頼区間を計算する。まず，このデータの平均値を算出すると，11.50 となる。そして，それぞれのデータの偏差を計算し，偏差平方和を算出すると[1] 44.5 となる。これをサンプルサイズの 10 で割ると 4.45 という標本の分散が計算できるが，すでに述べた通り，これは母分散よりも過小評価された値であるため，44.5 を 9（= 10 − 1）で割ると，不偏分散 = 4.94 が得られる。さらに，この不偏分散 = 4.94 をサンプルサイズの 10 で割った値 = 0.494 の $\sqrt{}$ をとると，標準誤差 = 0.70 が得られる。この標準誤差を用いて 95％信頼区間を計算すると以下の通りとなる。

　　95％信頼区間
　　= 10.12（= 11.50 − 1.96 × 0.70）から 12.88（= 11.50 + 1.96 × 0.70）

　ここまでの手続きを Excel で実施する場合は，本書の web サイトの Excel の「05_標本_信頼区間_答え」のように，次の手続き（図表 4-16）で計算する。

　このようにして，「標本の無作為抽出と信頼区間の計算を 100 回行ったとき 95 回は信頼区間に母平均が含まれる」という信頼度で，母平均を幅をもって推定することができた。100 人の村の全体の母平均は 11.40 であるため，確かに，計算された範囲の中に母平均が含まれており，高い信頼度で区間を推定できていることがわかる。これは裏返すと，この範囲外の値をとることは稀だということでもある。このようにして，点推定のようなピンポイントの推定ではなく，区間推定という幅をもった推定を行うことで，とり得る値の範囲を推定することが可能となる。

1) 偏差平方和は
$0.5^2 + 1.5^2 + 4.5^2 + 2.5^2 + 1.5^2$
$+ 0.5^2 + 0.5^2 + 0.5^2 + 0.5^2 +$
3.5^2
$= 44.5$

	A	B	C	D	E	F	G	H	I	J	K	L	M
1			標本1										
2	ID	性別	Q1	Q2	Q3	Q4	楽観性の得点	偏差の二乗					
3	4	0	3	2	3	3	11	0.3		標本1の楽観性の平均点			
4	28	0	5	2	3	3	13	2.3		11.50			
5	34	0	5	4	4	3	16	20.3					
6	36	0	3	3	1	2	9	6.3		不偏分散			
7	39	0	3	2	2	3	10	2.3		4.94			
8	42	0	1	4	4	3	12	0.3				95%信頼区間	
9	54	1	4	2	3	3	12	0.3		標準誤差		下限	上限
10	66	1	2	4	2	4	12	0.3		0.70		10.12	12.88
11	72	0	3	2	4	3	12	0.3					
12	96	0	1	2	2	3	8	12.3					
13							偏差平方和	44.50					

①標本1の楽観性の平均値は，AVERAGE() で求める。
　J4 のセルに，＝AVERAGE(G3：G12) を入力。
②偏差の2乗は，楽観性の得点−標本1の楽観性の平均値を2乗することで求める。
　H3～H12のセルに，＝(J4-G3)＊(J4-G3)，…，(J4-G12)＊(J4-G12)を入力。
③偏差平方和は，偏差の2乗の合計を SUM() で求める。
　H13 のセルに，＝SUM(H3：H12) を入力。
④不偏分散は，偏差平方和／サンプルサイズ−1で求める。
　J7 のセルに，＝H13/(10−1) を入力。
⑤標準誤差は，不偏分散／サンプルサイズの平方根で求める。
　J10のセルに，＝SQRT(J7/10) を入力。
⑥95％信頼区間は，平均値±1.96×標準誤差で求める。
　下限を求める L10 のセルに，＝J4−1.96＊J10
　下限を求める M10 のセルに，＝J4＋1.96＊J10 を入力。

図表4-16

2. 仮説の検定

1) statistical hypothesis test

2-1 仮説検定 [1] とは

　推測統計の今一つの重要な側面として**仮説検定**が挙げられる。仮説検定とは，標本の情報から母集団に関する「仮説」が統計的に成り立つか否かを判断することである。この「仮説」にはいろいろな種類がある。たとえば，ある母集団の平均値と特定の値の間に差があるか否かを確かめたり（1標本の t 検定），複数の母集団の間で平均値に差があるか否かを確かめたり（t 検定，分散分析），2変数の間に関連があるのかを確かめたり（相関分析，カイ二乗検定），といったことが挙げられる。

　どのような仮説を検定するのかにかかわらず，仮説検定の手続きには共通する部分が多くある。そこで，ここからは，仮説検定について基礎的な内容を紹介する。

仮説検定の手続きは次の3つの手順で実施される。

① 対立仮説と帰無仮説を立てる
② 帰無仮説が棄却される基準を決める
③ 対立仮説が支持されたか否かを結論付ける

　それぞれの手順を説明する前に，仮説を検証したいときの状況について考えてみると，多くの場合，検証したい仮説は「差がある」とか「関連がある」といった内容になる。たとえば，Aという刺激とBという刺激を提示したときに，それぞれの刺激に対する反応が違うかもしれないと考えたとき，「AとBの反応に差がある」ことを仮説として設定する。あるいは，Aという変数とBという変数の間には関連があるかもしれないと考えたとき，「AとBは関連がある」ことを仮説として設定する。それでは，この仮説が正しいことを証明するためには，どのようにしたらよいだろうか。

　仮説が正しいことを証明する方法は大きく2つ挙げられる。1つは，「差がある」とか「関連がある」という仮説が支持される（正しい）ことを直接的に証明する方法が挙げられる。いま1つは「差がない」とか「関連がない」という仮説が棄却される（間違っている）ことを示すことで，間接的に「差がある」とか「関連がある」という仮説が支持されることを証明する方法が挙げられる。

　ここで重要なポイントは，仮説が支持されることを直接的に証明することが容易ではないということである。たとえば，「すべてのカラスは黒い」という仮説があったとき，この仮説が支持されることを直接的に証明するためには，すべてのカラスを観測して，すべてが黒いカラスであったという結果を得る必要がある。一方で，この仮説が棄却されることを証明するためには，一匹の白いカラスを観測するだけでよい。このように，仮説が支持されることを直接的に証明することは容易ではないが，棄却されることは簡単に証明できる。

　このような仮説の特徴を踏まえて，統計学においては，「差がない」とか「関連がない」という仮説が棄却されることを示すことで，「差がある」とか「関連がある」という仮説が支持されることを間接的に証明する。このように，棄却されることを期待して設定される仮説を**帰無仮説**[1]，支持されることを期待して設定される仮説を**対立仮説**[2]と呼ぶ。

　帰無仮説と対立仮説は相反する関係にある仮説として設定される。たとえば，「差がある」という対立仮説を検証するときには，帰無仮説は「差がない」という正反対の内容になる。また，「関連がある」という対立

1) null hypothesis

2) alternative hypothesis

仮説を検証するときには，帰無仮説は「関連がない」という正反対の内容となる。帰無仮説と対立仮説は相反する関係にあるため，帰無仮説が棄却されたとき，対立仮説が支持されることとなる。

それでは，帰無仮説が棄却される基準はどのようにして定めるのだろうか。統計学では，帰無仮説が棄却される基準となる確率を**有意水準**[1]と呼ぶ。多くの心理学が，有意水準を 5％ と定めて仮説検定を行っている。

1) level of significance

たとえば，「差がない」という帰無仮説を正しいと仮定した場合には 5％ の確率でしか起きない結果が得られたときには，めったに起きないことが起きたと考えるのではなく，帰無仮説が間違っていたと考え，帰無仮説を棄却し，対立仮説が支持されることとなる。

2-2 検定統計量

ここからは，仮説検定の理解を深めるために，具体例を通じて考えてみよう。たとえば，100 人の村で 30 人の標本から楽観性の回答を得た A データとまったく別の村で無作為に 30 人の標本から楽観性の回答を得た B データがあったとする。しかし，手違いで，一方のデータを紛失してしまい，しかも，残ったデータが A データなのか，B データなのかがわからなくなってしまった。それぞれの情報を整理すると，100 人の村の母平均が 11.40，母分散が 5.7，手元に残ったデータのサンプルサイズが 30，平均値が 10.23，不偏分散が 4.67 である（詳細は，本書 web サイトの Excel の「06_謎のデータ」の通り）。この情報から，手元に残ったデータが 100 人の村で得られたデータか，別の村で得られたデータかを推測してみよう。

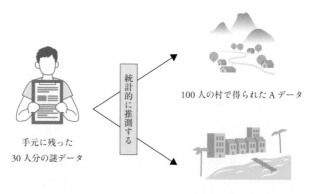

手元に残った
30 人分の謎データ

統計的に推測する

100 人の村で得られた A データ

別の村で得られた B データ

図表 4-17　手元のデータがどちらの村のデータか推測する

手元に残ったデータが100人の村のAデータであるか，別の村のBデータであるかを考えるとき，何をすればよいだろうか。今回は幸いなことに，母分散と母平均がわかっているため，100人の村の楽観性の母平均について95%信頼区間を計算することができる。すでに示した通り，以下の式によって標準誤差が求められる。

$$標準誤差 = \sqrt{\frac{母分散}{サンプルサイズ}}$$

$$SE = \sqrt{\frac{\sigma^2}{n}}$$

　したがって，標準誤差は0.436[1]となる。この標準誤差を用いて，母平均の95%信頼区間を計算すると，10.55[2]から12.25[3]の範囲となる。

　ここで，帰無仮説と対立仮説を考える。今回は手元のデータが，100人の村から回答を得たAデータなのか別の村から回答を得たBデータなのかを知るために，100人の村のデータと手元のデータに差があるか否かを考えることとする。このとき，差がないことを前提とする帰無仮説は「手元のデータは100人の村のデータと差がない」，帰無仮説と相反する対立仮説は「手元のデータは100人の村のデータと差がある」という仮説になる。手元のデータと100人の村のデータに差がないとしたら，母平均の95%信頼区間の範囲に手元のデータの平均値が含まれることが予想される。反対に，95%信頼区間の範囲の外側であった場合には，「手元のデータは100人の村のデータと差がない」という帰無仮説が棄却され，「手元のデータは100人の村のデータと差がある」という対立仮説が支持されることとなる。

　実際には，図表4-18の通り，手元にあるデータの平均値10.23は，10.55から12.25という95%信頼区間の範囲外にあることがわかる。

1) $SE = \sqrt{\dfrac{5.7}{30}} = 0.436$

2) $11.40 - 1.96 \times 0.436 = 10.55$

3) $11.40 + 1.96 \times 0.436 = 12.25$

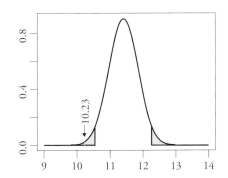

図表4-18　100人の村の母平均の95%信頼区間

1) critical region，または
α area ともいう。

　図表 4-18 の 10.55 より下および 12.25 より上の水色の範囲は，「手元
のデータは 100 人の村のデータと差がない」という帰無仮説を前提と
する場合には 5% 以下の確率でしか起こりえない標本平均の値である。
この範囲のことを，帰無仮説が棄却される領域であることから**棄却域**[1]
と呼ぶ。

　棄却域の標本平均が得られたのは，低い確率でしか起きないことが偶
然に起きたのではなく，そもそも帰無仮説が間違っていたと結論付ける
ことができる。したがって，「手元のデータは 100 人の村のデータと差
がない」という帰無仮説は棄却され，「手元のデータは 100 人の村のデー
タと差がある」という対立仮説が支持される。以上の仮説検定から，手
元のデータは，別の村の B データだと結論付けることができる。

2-3 z 検定

　ここまで，100 人の村の母平均の 95% 信頼区間を計算し，その範囲
の中に手元のデータの平均値が含まれるか否かということを検討した。
ここまで紹介した計算方法を少し工夫すると，よりわかりやすく仮説検
定を行うことができる。改めて 95% 信頼区間の式を範囲で示すと以下
の通りとなる。

$$標本平均 - 1.96 \times 標準誤差 \leqq 母平均 \leqq 標本平均 + 1.96 \times 標準誤差$$

$$\bar{x} - 1.96 \times \mathrm{SE} \leqq \mu \leqq \bar{x} + 1.96 \times \mathrm{SE}$$

これを式変形すると，以下の通りとなる。

$$-1.96 \leqq \frac{標本平均 - 母平均}{標準誤差} \leqq 1.96$$

$$-1.96 \leqq \frac{\bar{x} - \mu}{\mathrm{SE}} \leqq 1.96$$

　この中で，標本平均と母平均の差を標準誤差で割った値を検定統計量
z と呼ぶ。

$$検定統計量\ z = \frac{標本平均 - 母平均}{標準誤差}$$

$$z = \frac{\bar{x} - \mu}{\mathrm{SE}}$$

　そして，この検定統計量 z を用いた，標本の平均と母平均の差の検定
を **z 検定**[2] と呼ぶ。この検定統計量 z が -1.96 から 1.96 の間に含まれ
るとき，標本平均は母平均の 95% 信頼区間の中に含まれるということ

2) z test

になる。反対に，検定統計量 z が -1.96 より小さい，または，1.96 より大きいとき，標本平均は母平均の95％信頼区間に含まれない，すなわち，「標本平均と母平均に差がない」という帰無仮説が棄却されることになる。このように，検定統計量が，95％信頼区間の下限値を下回る，または，上限値を上回るとき，帰無仮説が正しいと仮定した場合には5％以下の確率でしか起こりえない検定統計量が得られたこととなり，帰無仮説が棄却される。

それでは，先ほどの例を用いて，実際に検定統計量 z を計算してみよう。検定統計量 z は以下の式から -2.68 であることがわかる。

$$検定統計量\ z = \frac{10.23 - 11.40}{0.436} = -2.68$$

これを図であらわすと図表4-19のようになる。

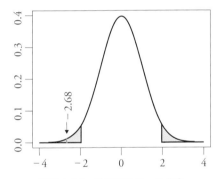

図表4-19　検定統計量 z の分布

さらに，図表4-20の標準正規分布の表を参照することで，「標本平均と母平均に差がない」という帰無仮説が正しい場合に，検定統計量 z がその値になる確率を知ることもできる。図表4-20の見方を簡単に解説すると，縦軸で一の位と小数点以下第一位が該当する値を探し，横軸で小数点以下第二位が該当する値を探せば，その確率が，検定統計量 z がその値になる確率となる。

たとえば，絶対値が2.68であれば，縦軸で2.6，横軸で0.08の交わる場所，すなわち，0.37％となる。この確率は，z が2.68となる確率[1]を表している。つまり，「手元のデータは100人の村のデータと差がない」ことを正しいと仮定した場合に，30人の標本平均が10.23となることは0.37％の確率でしか起きえないということになる。このように，帰無仮説が正しいと仮定した場合に，得られた検定統計量が生じうる確率を**有意確率**（**p 値**[2]）と呼ぶ。この有意確率が小さいほど，検定統計量

1）厳密にいうと，2.68以上となる確率

2）p value

z	0	0.01	0.02	0.03	0.04	0.05	0.06	0.07	0.08	0.09
0	50.00%	49.60%	49.20%	48.80%	48.40%	48.01%	47.61%	47.21%	46.81%	46.41%
0.1	46.02%	45.62%	45.22%	44.83%	44.43%	44.04%	43.64%	43.25%	42.86%	42.47%
0.2	42.07%	41.68%	41.29%	40.90%	40.52%	40.13%	39.74%	39.36%	38.97%	38.59%
0.3	38.21%	37.83%	37.45%	37.07%	36.69%	36.32%	35.94%	35.57%	35.20%	34.83%
0.4	34.46%	34.09%	33.72%	33.36%	33.00%	32.64%	32.28%	31.92%	31.56%	31.21%
0.5	30.85%	30.50%	30.15%	29.81%	29.46%	29.12%	28.77%	28.43%	28.10%	27.76%
0.6	27.43%	27.09%	26.76%	26.43%	26.11%	25.78%	25.46%	25.14%	24.83%	24.51%
0.7	24.20%	23.89%	23.58%	23.27%	22.96%	22.66%	22.36%	22.06%	21.77%	21.48%
0.8	21.19%	20.90%	20.61%	20.33%	20.05%	19.77%	19.49%	19.22%	18.94%	18.67%
0.9	18.41%	18.14%	17.88%	17.62%	17.36%	17.11%	16.85%	16.60%	16.35%	16.11%
1	15.87%	15.62%	15.39%	15.15%	14.92%	14.69%	14.46%	14.23%	14.01%	13.79%
1.1	13.57%	13.35%	13.14%	12.92%	12.71%	12.51%	12.30%	12.10%	11.90%	11.70%
1.2	11.51%	11.31%	11.12%	10.93%	10.75%	10.56%	10.38%	10.20%	10.03%	9.85%
1.3	9.68%	9.51%	9.34%	9.18%	9.01%	8.85%	8.69%	8.53%	8.38%	8.23%
1.4	8.08%	7.93%	7.78%	7.64%	7.49%	7.35%	7.21%	7.08%	6.94%	6.81%
1.5	6.68%	6.55%	6.43%	6.30%	6.18%	6.06%	5.94%	5.82%	5.71%	5.59%
1.6	5.48%	5.37%	5.26%	5.16%	5.05%	4.95%	4.85%	4.75%	4.65%	4.55%
1.7	4.46%	4.36%	4.27%	4.18%	4.09%	4.01%	3.92%	3.84%	3.75%	3.67%
1.8	3.59%	3.51%	3.44%	3.36%	3.29%	3.22%	3.14%	3.07%	3.01%	2.94%
1.9	2.87%	2.81%	2.74%	2.68%	2.62%	2.56%	2.50%	2.44%	2.39%	2.33%
2	2.28%	2.22%	2.17%	2.12%	2.07%	2.02%	1.97%	1.92%	1.88%	1.83%
2.1	1.79%	1.74%	1.70%	1.66%	1.62%	1.58%	1.54%	1.50%	1.46%	1.43%
2.2	1.39%	1.36%	1.32%	1.29%	1.25%	1.22%	1.19%	1.16%	1.13%	1.10%
2.3	1.07%	1.04%	1.02%	0.99%	0.96%	0.94%	0.91%	0.89%	0.87%	0.84%
2.4	0.82%	0.80%	0.78%	0.75%	0.73%	0.71%	0.69%	0.68%	0.66%	0.64%
2.5	0.62%	0.60%	0.59%	0.57%	0.55%	0.54%	0.52%	0.51%	0.49%	0.48%
2.6	0.47%	0.45%	0.44%	0.43%	0.41%	0.40%	0.39%	0.38%	0.37%	0.36%
2.7	0.35%	0.34%	0.33%	0.32%	0.31%	0.30%	0.29%	0.28%	0.27%	0.26%
2.8	0.26%	0.25%	0.24%	0.23%	0.23%	0.22%	0.21%	0.21%	0.20%	0.19%
2.9	0.19%	0.18%	0.18%	0.17%	0.16%	0.16%	0.15%	0.15%	0.14%	0.14%
3	0.13%	0.13%	0.13%	0.12%	0.12%	0.11%	0.11%	0.11%	0.10%	0.10%

図表 4-20　標準正規分布表から推測される検定統計量 z が特定の値を示す確率

が生じうる確率が低くなり，有意確率が有意水準（たとえば5％）を下回った場合には，帰無仮説が棄却され，対立仮説が支持されることになる。このように，帰無仮説の検定においては，その値が得られる確率として有意確率を推測し，有意確率が5％を下回れば，帰無仮説が棄却され，対立仮説が支持されると結論付ける。

ここまでの手続きをExcelで実施する場合は，本書webサイトのExcelの「07_仮説検定_答え」のように，次の手続きで計算する。

	A	B	C	D	E	F
1		データ		95%信頼区間の計算		検定統計量zの計算
3		謎のデータの平均値		標準誤差		検定統計量z
4		10.23		0.44		-2.68
6		100人の村の平均値		95%信頼区間の下限		検定統計量zの確率
7		11.40		10.55		0.37%
9		100人の村の分散		95%信頼区間の上限		
10		5.7		12.25		

①母集団の分散が既知の場合の標準誤差は，母集団の分散/サンプルサイズの平方根で求める。
　　D4のセルに，＝SQRT(B10/30)を入力。
②95%信頼区間は，平均値±1.96×標準誤差で求める。
　　D7のセルに，＝(B7-1.96＊D4)を入力。
　　D10のセルに，＝(B7+1.96＊D4)を入力[1]。
③検定統計量zは，（標本の平均値－母集団の平均値）/標準誤差で求める。
　　F4のセルに，＝(B4－B7)/D4を入力。
④検定統計量zの確率は，NORM.S.DIST()で求める。この関数は，NORM.S.DIST(検定統計量zの値，TRUE)と指定することで，検定統計量zの確率を計算することができる。
　　F7のセルに，＝NORM.S.DIST(F4，TRUE)を入力。

図表4-21

ここまで，検定統計量zについて紹介したが，この検定統計量は母分散と母平均がわかっている場合にしか使用することができない。実際の仮説検定においては，母分散も母平均もわからないことがほとんどであるため，t検定[2]などの手法が用いられることとなる。t検定などの他なる仮説検定の手法については，第5章以降において詳細に紹介する。

[1] なお，95％信頼区間は，ExcelのNORM.INV()という関数を用いて求めることも可能である。この関数は，NORM.INV（確率，母集団の平均値，標準誤差）を指定することで，指定した確率で得られる値を計算することができる。下限を求める場合は確率に0.025，上限を求める場合は0.975を指定する。

[2] t test

2-4 両側検定と片側検定

　ここまで仮説検定の具体的な方法を紹介してきたが，ここで，両側検定と片側検定について紹介する。図表4-16を見るとわかる通り，先に紹介したz検定では左右に2つの領域が棄却域として指定されている。このように，左右対称となる形で2つの領域を棄却域に指定する場合の検定を**両側検定**[1]と呼ぶ。両側検定とは「標本平均と母平均に差がある」という大小関係に関心がない仮説を検証する方法であり，この仮説では，左右に棄却域が設定されることとなる（図表4-19）。一方で，**片側検定**[2]とは，「標本平均は母平均よりも小さい」あるいは「標本平均は母平均よりも大きい」という大小関係に関心がある仮説を検証する方法であり，この仮説では，片側のみに棄却域が設定されることとなる（図表4-22，図表4-23）。

1) two-tailed test

2) one-tailed test

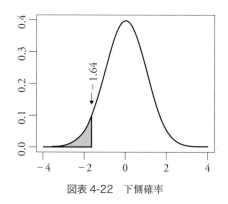

図表4-22　下側確率

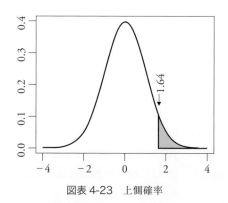

図表4-23　上側確率

　たとえば，「手元のデータは100人の村のデータよりも小さい」とい

う対立仮説を検証する場合には，「手元のデータは 100 人の村のデータ以上である」という帰無仮説を検証することとなる。したがって，「手元のデータは 100 人の村のデータ以上である」という帰無仮説が棄却されると，「手元のデータは 100 人の村のデータよりも小さい」という対立仮説が支持されることとなる。このとき，検定統計量 z は以下の式で求められる。

$$検定統計量\,z = \frac{標本平均 - 母平均}{標準誤差}$$

$$z = \frac{\overline{x} - \mu}{\mathrm{SE}}$$

検定統計量 z の計算式の中には，標本平均 − 母平均という計算が含まれていることから，標本平均が母平均よりも大きい場合には正の値，標本平均が母平均よりも小さい場合には負の値をとることとなる。したがって，「手元のデータ（＝標本平均）は 100 人の村のデータ（＝母平均）よりも小さい」という対立仮説が支持されるのは，検定統計量 z が負の方向に大きな値が得られた場合となる。したがって，図表 4-22 の下側確率が棄却域として設定される。

ここまで説明した通り，片側検定における棄却域は片方にのみ設定されることとなる。それでは，片方にのみ設定される棄却域を 5％とするためには，どのようにしたらよいだろうか。すでに述べた通り，両側検定において棄却域が 5％となる基準は 1.96 である。これと同一の基準で片側検定を行うと，棄却域が 2.5％となってしまう。これは両側検定では，両側に 2.5％ずつの棄却域が設定されており，合計して 5％となるように基準が設定されているためである。したがって，片側検定における基準は，もう少し緩く設定する必要がある。

片側に棄却域を設定した場合と両側に棄却域を設定した場合の検定統計量 z の値と棄却域の確率の対応は図表 4-24 の通りである。

検定統計量 z の値	片側確率	両側確率
1.64	5.00％	10.00％
1.96	2.50％	5.00％

図表 4-24　検定統計量 z の値と棄却域の確率の対応

片側検定において棄却域が 5％となるように設定するためには 1.64 または −1.64（両側検定において棄却域が 10％となる基準）を基準とする必要がある。このように，片側検定では，両側検定よりも緩い基準が用いられることとなる。

それでは，「手元のデータ（＝標本平均）は 100 人の村のデータ（＝母平均）よりも小さい」という対立仮説に対して，「手元のデータは 100 人の村のデータ以上である」という帰無仮説を検証する場合を考えてみよう。対立仮説に大小関係が含まれているため，片側検定を行うこととなる。今回は「手元のデータは 100 人の村のデータよりも小さい」という対立仮説を検証することから，帰無仮説の棄却域の基準は下側確率が 5％になる -1.64 となる。そして，すでに計算した通り，検定統計量 z の値は -2.68 であり -1.64 という基準を下回ることから，「手元のデータは 100 人の村のデータ以上である」という仮説のもとでは起きえないことが偶然に起きたのではなく，そもそも帰無仮説が間違えていたと結論づけられる。このようにして，最終的に，「手元のデータは 100 人の村のデータよりも小さい」という対立仮説が支持されることとなる。

　ここまで，片側検定について解説したが，実際の検定で片側検定が用いられることは稀である。先に述べた通り，片側検定の方が両側検定よりも緩い基準となるため，両側検定では有意な差が得られなかったため，片側検定に変更して，有意な差を得ようという誘惑にかられることもあるかもしれない。しかし，そのような変更は絶対に行ってはならない。さらに，片側検定では「○○は△△より大きい」という大小関係に関心があるときに実施することを説明したが，裏を返すと，「○○は△△より小さい」という正反対の結果にはまったく関心がないことを意味する。当初は「○○は△△より大きい」と想定したが，実際には「○○は△△より小さい」という正反対の結果が得られたときに，正反対の結果は意味や価値がないと断定できるのであれば問題ないが，世の中のほとんどの研究は，正反対の結果にも意味や価値を見出すだろう。このような背景から，ほとんどの研究で片側検定ではなく，両側検定が用いられている。

2-5　仮説検定における 2 種類の過誤

　ここまで，仮説検定の具体的な方法について紹介してきたが，ここからは，仮説検定において得られた結論が常に真実だといえるかを考えてみよう。すでに説明した通り，帰無仮説が棄却される基準となる確率を有意水準と呼ぶ。この有意水準は，帰無仮説を棄却する際の基準として設定されるものであるが，これは「本当は帰無仮説が正しいのに棄却してしまう確率」だと言い換えることもできる。このように，「本当は帰無仮説が正しいのに棄却する」誤りを**第一種の過誤（第一種の誤り）**と

呼ぶ。これとは反対に、「本当は帰無仮説が間違いなのに棄却されない確率」も存在する。このように、「本当は帰無仮説が間違いなのに棄却されない」誤りを**第二種の過誤（第二種の誤り）**と呼ぶ。これらを整理すると図表4-25のようになる。

		真実	
		帰無仮説は誤り	帰無仮説は正しい
検定の結果、帰無仮説が…	棄却された	一致	第一種の過誤
	棄却されなかった	第二種の過誤	一致

図表4-25　第一種の過誤と第二種の過誤

　このように、検定においては、有意水準を設定することによって、どの程度の誤りを許容するかということを決定していることになる。有意水準5％とした場合には、裏を返せば、5％の確率で第一種の過誤が起きるということになる。そのため、有意水準のことを危険率と呼ぶこともある。この第一種の過誤が起きる危険率を下げるためには、有意水準を1％とするなどの工夫が挙げられるが、有意水準を何％に設定したとしても、第一種の過誤が起きる可能性に留意することが重要だといえる。

　ここで、第一種の過誤と第二種の過誤について整理しよう。多くの場合、検定を行う際には、帰無仮説が棄却され、対立仮説が支持されることを予想している。したがって、帰無仮説が棄却されたときには、予想通りの結果が得られたと喜びの感情が湧いてくるかもしれない。このとき、真実は「帰無仮説が正しい」という場合には、第一種の過誤ということになるが、その場合には、ぬか喜びであったということになる。一方で、帰無仮説が棄却されなかったときには、予想通りの結果が得られなかったと落ち込んでしまうかもしれない。このとき、真実は「帰無仮説が誤り」という場合には、第二種の過誤ということになるが、その場合には、落ち込み損ということになる。第一種の過誤はぬか喜び、第二種の過誤は落ち込み損として覚えてもらえるといいだろう。

　さて、ここで、先の節で紹介した片側検定について補足する必要がある。すでに述べた通り、片側検定における帰無仮説は大小関係に関心があるため、「○○は△△以下」あるいは「○○は△△以上」ということになる。これらの帰無仮説と「○○は△△と差がない」という帰無仮説は異なる仮説であることを強調する必要がある。何が異なるのかというと、「○○は△△と差がない」という帰無仮説では、得られたデータの値を1つの値と比較するが、「○○は△△以下」という帰無仮説では、

得られたデータの値を複数の値と比較する必要があるという点である。たとえば、「手元のデータと 100 人の村のデータは差がある」という帰無仮説では、100 人の村のデータの平均値という 1 つの値を対象として、手元のデータの値との違いを比較することになる。一方で、「手元のデータは 100 人の村のデータ以上である」という帰無仮説においては、100 人の村のデータの平均値だけではなく、それを上回る複数の値（たとえば、0.2 大きい値や 0.4 大きい値など）を対象として、手元のデータの値との違いを比較する必要がある。このように、「○○は△△と差がない」のように比較対象の値が 1 つに決まっている場合を**単純仮説**、「○○は△△以下」のように比較対象の値が複数ある場合を**複合仮説**と呼ぶ。

　単純仮説の場合には棄却域は第一種の過誤が生じる確率と一致する。しかし、複合仮説の場合には、100 人の村のデータの平均値を上回る複数の値（たとえば、0.2 大きい値や 0.4 大きい値など）も比較の対象となるため、平均値の確率分布の他に、平均値より 0.2 大きい値や 0.4 大きい値の確率分布が複数存在しており、どの確率分布を基準として棄却域を設定するのかという問題が生じる。現実的な対応として、片側検定では、平均値の確率分布を基準とした場合に、有意水準が 5％となるように棄却域を設定することになる。ところが、図表 4-26 の通り、ここで設定された値は、平均値の確率分布において棄却される範囲が 5％となるが、他の確率分布は平均値から離れるほど、棄却される範囲が 5％よりも低い確率となっていく。

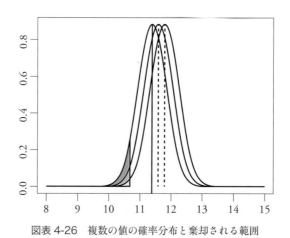

図表 4-26　複数の値の確率分布と棄却される範囲

　このことから、「○○は△△以下」という帰無仮説における片側検定では、有意水準を 5％として設定した場合に、5％の確率で第一種の過

誤が起きるのではなく，最大で5%の確率で第一種の過誤が起きることとなる。両側検定の場合の有意水準は第一種の過誤が起きる確率と一致するが，片側検定の場合の有意水準は第一種の過誤が起きる最大確率となることを押さえておくことが重要である。

3. まとめ

　ここまで，推測統計の中でも，区間推定や仮説検定について紹介してきた。推測統計の基礎的な考え方を理解した後は，実際にデータを扱って，心理学においてよく用いられる具体的な仮説検定の内容を理解する必要がある。

　第4章で紹介した推測統計の基礎的な考え方を踏まえて，第5章以降では，より実際的な検定の方法について理解を深めていただきたい。

　第4章で明らかになったのは，データを無作為抽出で得るからこそ，統計的な推定そして検定を適用することができることである。そのデータは決して多い人数の回答ではないかもしれないけれど，背後にいるたくさんの人からなる母集団を代表するものとなっているので，データ分析の結果は真の結果を概ね反映する貴重なものとなるのだ。

　ところで，では実際に無作為抽出されたデータを用いて統計分析をしてみよう，と考えると，案外「敷居が高い」ことに気づくのではないだろうか。まず，実在する母集団の成員すべてをおさめたリストを入手するのが難しい。仮にリストがあるとしても，そこから実際に無作為抽出をしようとすると，専門的知識（これは本書の範囲外）も実践的技術も，さらにその作業をする膨大な時間をも要する。そのうえ，ちゃんと調査や実験をして，データを入力して……などと諸々考えると，これはもう大変だと途方にくれてしまうのもうなずける。

　しかし，データアーカイブへとアクセスすれば，無作為抽出された調査データをみつけることができ，しかも条件次第ではそのデータを利用することもできる。データアーカイブとは，データを収集し，整理したうえで長期保存する機関のことをいう。そこに所蔵されたデータは，学術研究や教育などの目的で二次利用をすることも可能となっている。

　日本でも，さまざまなデータアーカイブがある。なかでも代表的なものは，東京大学社会科学研究所附属社会調査・データアーカイブ研究センター（https://csrda.iss.u-tokyo.ac.jp/）の運営するSSJデータアーカイブであろう。同センターのウェブサイトから，SSJデータアーカイブより公開されているデータに関して，「調査の概要」がわかるだけでなく，「調査票（アンケート用紙）」や「基礎集計表」もみることができる。「調査の概要」の記述より，どんな調査がどのようなやり方でおこなわれたかを知ることができるのだが，その項目のひとつに標本抽出法がある。そこをみれば，無作為抽出をしたのかどうか，したとしたらより詳しくはどの方法か，理解できる。

　したがって，データアーカイブの公開している情報をもとに，無作為抽出されたデータをみつけ，それを自分の研究のために利用する道が拓かれるわけだ。注意が必要なのは，現在のところ，利用の条件が限られており，学部生は指導教員の教育目的での利用にとどまることである。指導教員とよく相談をしたうえで，データアーカイブを利活用してほしい。

　他にも，立教大学社会情報教育研究センターのRUDA（Rikkyo University Data Archive），労働政策研究・研修機構のJILPTデータ・アーカイブなどもある。そしてもちろん海外にも，アメリカのICPSR（Inter-University Consortium for Political and Social Research），ドイツのGESIS（German Social Science Infrastructure Service）など著名なアーカイブが存在する。多くは，社会学，政治学，経済学など社会科学の調査データを扱うものではあるが，なかには心理学の研究にも有用なデータが所蔵されているので，注目されたい。

5

Chapter

平均値の比較

　左利きの人の方が右利きの人よりも頭が良いのだろうか？　この心理療法を受ける前と受けた後を比較すると，受けた後の方が幸福感は高くなるのだろうか？　心理学の研究では，このように2つのグループを比較したい場合があるだろう。しかし，対象となる人すべてを調査することができない。そんな時，登場するのがこの章で紹介する t 検定である。t 検定の考え方を用いれば2つのグループを平均値を元に統計的に比較することができる。

1. はじめに

1) 石津・安保（2008）。
浅井（2014）。

　心理学には過剰適応という概念がある[1]。平たくいうと，自分のことを抑えてでも周りに合わせようとする心理的な状態・特性のことである。この過剰適応は，周囲の環境からの影響も当然無視することができない。たとえば，一学年 1000 名の学校に通う中学生と，一学年 5 名の小規模な学校に通う中学生では，過剰適応の得点に違いが出てくるかもしれない。

　そこで，日本の大規模な学校に通う中学 2 年生からランダムに 5 名，日本の小規模な学校に通う中学 2 年生からランダムに 5 名の協力を得て，過剰適応の度合いを測定するアンケート（過剰適応尺度）に回答してもらった。このとき，大規模な学校に通う中学生 5 名の過剰適応得点の平均値が高かったので，大規模な中学校の方が生徒は過剰適応的になると結論づけてよいだろうか？

　第 4 章で学んだ推測統計の考え方に則れば，得られた数値だけで判断してはいけないことは理解できると思う。仮に，小規模な学校に通う 5 名の平均値よりも大規模な学校に通う 5 名の方が平均値が高かったとしても，大規模な学校からは「たまたま」得点の高い 5 名が選ばれ，小規模な学校ではたまたま得点の低い 5 名が選ばれたということも十分にあり得るだろう。ここで比較したいのは，あくまで母集団である。大規模校に通う中学生という母集団と，小規模校に通う中学生という母集団を比較したいので，得られた平均値そのものを比較するのではなく，得られたデータから推測する必要がある。そこで出てくるのが，2 つのグループを比較する統計的な手法である t 検定である。

　t 検定は大きく分けて 2 種類ある。1 つは，それぞれ別な群（グループ）を比較する方法である。**独立した 2 群の t 検定**と呼ばれる。先ほどの大規模な学校の中学生と小規模な学校の中学生の例がそれにあたる。もう 1 つは，何かを行う前と後のように，同じ群（グループ）の前後を比較する方法である。これは，**対応のある平均値の差の検定**と呼ばれる。あるトレーニングを行う前の成績とトレーニング後の成績を比較するときなどに用いられる。

　どちらの種類の t 検定であっても，計算を行う流れは共通する。これらの流れを図表 5-1 にまとめる。

　次の節から，具体例を示しながら見ていこう。

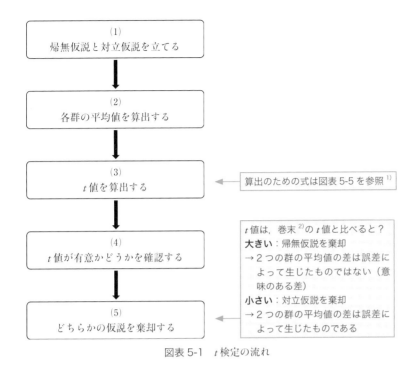

算出のための式は図表5-5を参照 [1]

t 値は，巻末 [2] の t 値と比べると？
大きい：帰無仮説を棄却
→ 2 つの群の平均値の差は誤差に
　よって生じたものではない（意
　味のある差）
小さい：対立仮説を棄却
→ 2 つの群の平均値の差は誤差に
　よって生じたものである

図表 5-1　t 検定の流れ

1）本文中の式（5.1），（5.2）
も参照のこと。

2）巻末 p.185 の t 分布表を
参照。

2. 独立した 2 群の t 検定

2-1 2 つの群の分散が等しいと仮定する場合

　先ほどの過剰適応の例を用いて説明を行う。繰り返しになるが，関心
があるのは日本の大規模校に通う中学 2 年生の母集団と，小規模校に
通う中学 2 年生の母集団である。母集団の平均値（母平均）と母集団
の分散（母分散）がわからないので，得られた値（標本の平均と標本の
分散）を用いて推定をしていく必要があると捉えてほしい。

　日本の大規模校に通う中学 2 年生からランダムに選ばれた 5 名と日
本の小規模校に通う中学 2 年生からランダムに選ばれた 5 名の得点を
比較する。

　過剰適応に関する質問は，「自分が少し困っても，相手のために何か
してあげることが多い」「相手と違うことを思っていても，それを相手
に伝えない」などである。生徒に対して，自ら回答する形式のアンケー
トで問い，得点は 1 点から 10 点の範囲に収まる [3]。

　全員の得点は以下の通りである。

3）心理学で用いるアンケー
トの場合，実際にはキリのい
い数字になることは少ない
が，ここではわかりやすくす
るため 1 点から 10 点として
いる。

大規模校の中学生		小規模校の中学生	
Aさん	9	Fさん	3
Bくん	7	Gくん	5
Cくん	8	Hさん	8
Dさん	6	Iくん	1
Eくん	10	Jさん	5
平均	8	平均	4.4

図表 5-2　大規模校と小規模校の中学生のデータ

　大規模校の中学生と小規模校の中学生は違う群であるので，ここでは**独立した 2 群の _t_ 検定**が適用できる。上述した _t_ 検定の流れに沿って計算を行う。

(1) 帰無仮説と対立仮説を作る

　今回の例の場合，帰無仮説（H_0 とあらわされる）は「大規模校の中学生と小規模校の中学生の母集団における過剰適応得点の平均は等しい」，対立仮説（H_1 とあらわされる）は「大規模校の中学生と小規模校の中学生の母集団における過剰適応得点の平均は異なる」である。知りたいことは，得られたデータの違いではなく母集団の違いである。得られたデータは，あくまで母集団からランダムに取り出した値であることに留意する必要がある。

(2) 各群の平均値を算出する

　今回の場合，大規模校の中学生 5 名の平均値は 8 点，小規模校の中学生 5 名の平均値は 4.4 点である。データだけを見れば，大規模校の中学生の方が小規模校の中学生よりも過剰適応得点が高いが，知りたいのは母集団においてはどうかという点である。

(3) _t_ 値を算出する

1) _t_ value

　_t_ 検定では _t_ 値[1]というものを算出する。これは，特定の状況において _t_ 値が出現する確率がすでにわかっているため，それを利用するからである。この特定の状況を決める手掛かりとして自由度というものがある。_t_ 値は **_t_ 分布**[2]に従うことがわかっており，この _t_ 分布は自由度によって形を変えるため，自由度を求めることで _t_ 分布の形を 1 つに決めることができる（図表 5-3）。

2) _t_ distribution

3) 自由度が人数から 1 を引いた値になる理由については，コラム 6（p.93）を参照。

　自由度は 1 つの群（グループ）の人数から 1 を引いた値になる[3]。_t_ 検定の場合，2 つの群があるので 2 つの群の人数の合計から 2 を引いた

　t 検定では，t 値を求める必要がある。t 値を算出する式を見ると，各群の不偏分散を求める必要があることがわかる。第4章で述べたように，不偏分散は以下の計算式で求められる。

$$\hat{\sigma}^2 = \frac{\sum_{i=1}^{n}(x_i - \overline{x})^2}{n-1}$$

　このとき，2乗をしない $\sum(x_i - \overline{x})$ だけに着目すると，この値は0になることがわかる。先に例としてあげた大規模校の中学生のデータで説明を行う。

表　大規模校の中学生

氏名	過剰適応得点 (x_i)	5名の平均値 $(\overline{x})$	個人の得点－平均値 $(x_i - \overline{x})$
Aさん	9	8	1
Bくん	7	8	−1
Cくん	8	8	0
Dさん	6	8	−2
Eくん	10	8	［上の4つの値が決まれば，この値は自ずと決まる］

　この表の場合，$\sum(x_i - \overline{x})$ を計算すると，$(9-8)+(7-8)+(8-8)+(6-8)+(10-8)=0$ となる。

　$\sum(x_i - \overline{x})$ はどんな場合でも0となるため，$(9-8)+(7-8)+(8-8)+(6-8)+(X)=0$ であっても X の部分を計算することができる。つまり，$\overline{x}$ が明らかになっていれば，$n-1$ 個の $(x_i - \overline{x})$ は自由な値をとっても，残りの1個はひとつに決まるのである。

　これが，自由度が $n-1$ となる理由である。

値が自由度となる。今回の場合、人数の合計は 10 名なので自由度は 10−2 で 8 となる[1]。

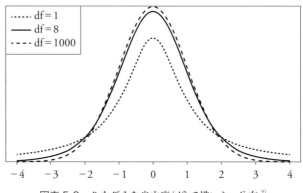

図表 5-3　さまざまな自由度（df）で描いた t 分布[2]

　自由度 8 の t 分布は図表 5-4 のような形になる。分布の頂上は t 値が 0 のときであるため、0 に近い数字が出現しやすいと考えることができる。一方、t 値が 3 のところを見るとほとんど出現しないことがわかるだろう（t 値が 3 以上なのは全体の約 0.9％）。このように t 値を算出することで、その値が出現するのがどれくらい稀なことなのかを見出すことができる。

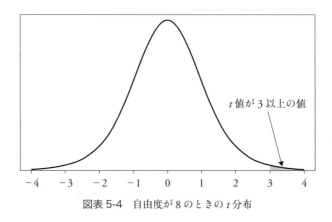

図表 5-4　自由度が 8 のときの t 分布

　t 値を算出する式は以下の通りである。表記が煩雑になるため大規模校を大規模、小規模校を小規模と記す。

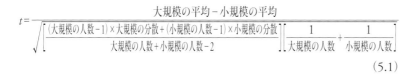

$$t = \cfrac{\text{大規模の平均} - \text{小規模の平均}}{\sqrt{\cfrac{(\text{大規模の人数}-1) \times \text{大規模の分散} + (\text{小規模の人数}-1) \times \text{小規模の分散}}{\text{大規模の人数} + \text{小規模の人数} - 2}\left[\cfrac{1}{\text{大規模の人数}} + \cfrac{1}{\text{小規模の人数}}\right]}}$$

(5.1)

これらを数式に置き換えると以下の(5.2)式のように表現することができる。

分子の $\overline{x_1}$ は大規模校の中学生の過剰適応得点の平均値，$\overline{x_2}$ は小規模校の中学生の過剰適応得点の平均値である。

分母の n_1 は大規模校の中学生の人数，n_2 は小規模校の中学生の人数，$\widehat{\sigma_1}^2$ は大規模校の中学生の不偏分散[1]，$\widehat{\sigma_2}^2$ は小規模校の中学生の不偏分散をあらわしている。

1) 不偏分散については，第4章 p.71 〜 72 を参照。

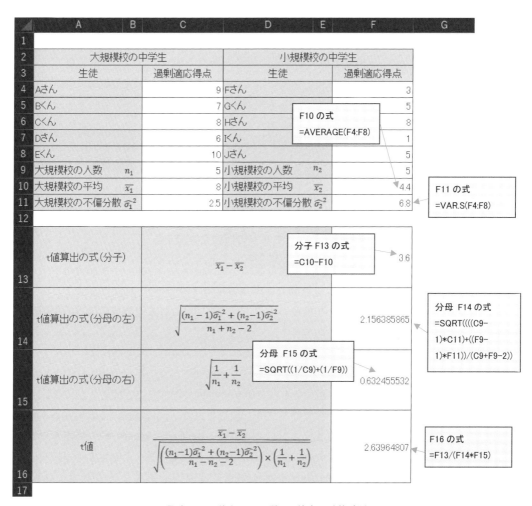

図表 5-5　独立した 2 群の t 検定の計算手順

$$t = \frac{\overline{x_1} - \overline{x_2}}{\sqrt{\left[\dfrac{(n_1-1)\widehat{\sigma_1}^2 + (n_2-1)\widehat{\sigma_2}^2}{n_1 + n_2 - 2}\right]\left[\dfrac{1}{n_1} + \dfrac{1}{n_2}\right]}} \quad (5.2)$$

図表 5-5 に Excel での計算例を示す。

図表 5-5 からもわかるように，小数点第 3 位で四捨五入をすると t 値は 2.64 という値になる。

⑷ t 値が有意かどうかを確認する

t 値は t 分布に従うため，自由度と t 値がわかれば，その値が得られる確率がわかる。計算の結果，自由度は 8，t 値は 2.64 であった。

第 4 章で説明したように，片側検定と両側検定があるが，今回の場合は両側検定を採用する。今回は $\overline{x_1}$，n_1，$\widehat{\sigma_1}^2$ を大規模校の中学生としたが，これらの値を小規模校の中学生のものにしても t 値は算出することができる。その場合，t 値の正負の値は逆転することになる。

t 検定を用いる多くの場合，両群の差があることに関心をもつ場合が多く，両側検定を用いることが多い。しかし，大規模校の中学生は小規模校の中学生よりも過剰適応得点が大きいか否かに着目する場合，片側検定を用いることもあるだろう。

1）巻末 p.185 参照。

巻末の t 分布の表[1]を用いる。有意水準 (α) 0.05，自由度 (n) 8 のところを見ると，2.306 とある。今回得られた t 値の絶対値はこの値よりも大きいため，このような t 値をとる確率は 5% よりも少ないと判断できる。

⑸ 結果を元に，どちらかの仮説を棄却する

今回の場合，帰無仮説は「大規模校の中学生と小規模校の中学生の母集団における過剰適応得点の平均は等しい」，対立仮説は「大規模校の中学生と小規模校の中学生の母集団における過剰適応得点の平均は異なる」であった。

独立した 2 群の t 検定を実施した結果，「大規模校の中学生と小規模校の中学生の母集団における過剰適応得点の平均は等しい」という前提のもと，8 点と 4.4 点という平均値が現れることはめったにないということがわかった。つまり，前提である「大規模校の中学生と小規模校の中学生の母集団における過剰適応得点の平均は等しい」は誤りであると判断できるため，対立仮説である「大規模校の中学生と小規模校の中学生の母集団における過剰適応得点の平均は異なる」を採択する形となる。つまり，大規模校の中学生と小規模校の中学生の過剰適応得点の平均値

の差は，誤差によって生じたものではない，統計的に意味のある差であると考えることができる。

2-2 ウェルチの検定[1]（2つの群の分散が等しくないと仮定する場合の検定）

1) Welch's *t* test

　先ほどの例では，前提として両群の母集団の分散（母分散）は等しいという前提で説明を行った。本来は，まず初めに両群の母分散が等しいと考えられるかどうかについての検定（等分散の検定）を行い，等分散が認められる場合には，先ほど紹介した方法で計算を行い，等分散が認められない場合は，これから紹介する**ウェルチの検定**で計算を行うことが一般的であった。しかし，*t*検定を行う前に等分散の検定を行うことは，検定の多重性の問題を生じさせることになるため，近年では，母分

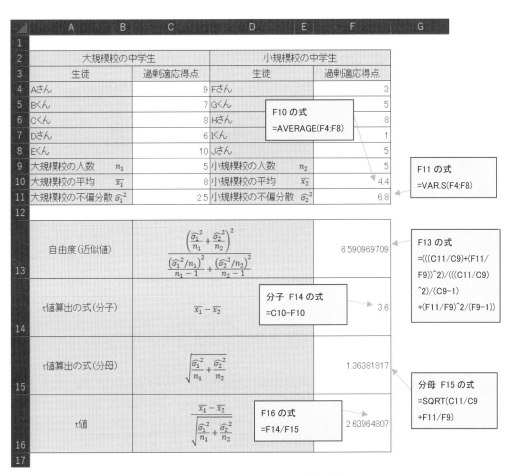

図表 5-6　ウェルチの検定の計算手順

散が等しいと考えられるかどうかに関わらずウェルチの検定を行うことが増えている。

ウェルチの検定の基本的な流れは，独立した2群のt検定と同じである。

(1) 帰無仮説と対立仮説を立てる
(2) 各群の平均値を算出する
(3) t値を算出する
(4) t値が有意かどうかを確認する
(5) 帰無仮説を棄却する

という流れである。独立した2群のt検定と異なるのは「(3)t値の算出」の計算式である。図表5-6にExcelでの計算例を示す。

ウェルチの検定の場合，独立した2群のt検定と異なり，自由度（df）を算出する式が以下のように複雑である。

$$\mathrm{df} = \frac{\left(\dfrac{\widehat{\sigma_1}^2}{n_1} + \dfrac{\widehat{\sigma_2}^2}{n_2}\right)^2}{\dfrac{(\widehat{\sigma_1}^2/n_1)^2}{n_1 - 1} + \dfrac{(\widehat{\sigma_2}^2/n_2)^2}{n_2 - 1}} \quad (5.3)$$

計算の結果，自由度は四捨五入をすると6.59，t値は四捨五入をすると2.64であった。巻末のt分布の表を見ると，有意水準0.05，自由度6のところは2.447，自由度7のところは2.365である。今回得られた値の絶対値はこの値よりも大きいため，このようなt値をとる確率は5％よりも少ないと判断できる。

この結果をもとにすると，独立した2群のt検定と同様に，先ほどの帰無仮説を棄却し，対立仮説を採択することとなる。

今回の場合，独立した2群のt検定として計算しても，ウェルチの検定で計算しても，どちらも帰無仮説を棄却するという結果となった。しかし，これまでみてきたように，2つの検定は計算式が異なっており，自由度も異なっている（図表5-7）。データによっては独立した2群のt検定では帰無仮説を棄却するが，ウェルチの検定では帰無仮説を棄却できないということも起こりうる。2つの検定が前提としているものが何であるのか理解した上で使用する必要があるだろう。

	独立した2群のt検定	ウェルチの検定
自由度	8	6.59
t値	t値 = 2.64 (自由度8のときのt値は2.306)	t値 = 2.64 (自由度6のときのt値は2.447, 自由度7のときのt値は2.365)

図表 5-7　独立した2群のt検定とウェルチの検定におけるt値と自由度

2-3　母平均だけがわかる場合のt検定

　第4章で扱ったz統計量の考え方を応用すれば,母平均だけがわかっている場合,言い換えると母分散がわからない場合のt検定を行うこともできる。

　図表 5-2 で示した大規模校の生徒のデータで説明をする。大規模校の生徒の過剰適応得点の平均値は8点である。このとき,大規模校の生徒の母集団の平均値が7点だとわかっているとする。この8点という値は,大規模校の母集団から抽出されたものなのかを確認したい。イメージとしては,得られた8点という値が母集団から得られたものなのか,得られた8点は母集団を代表する値として捉えてよいのかを確認していると考えてみるとよいかもしれない。

　t値は以下のような式で算出できる。

$$t = \frac{\text{大規模校の平均値} - \text{母集団の平均値}}{\sqrt{\dfrac{\text{大規模校の不偏分散}}{\text{サンプルサイズ(人数)}}}} \quad (5.4)^{1)}$$

　これらを数式に置き換えると以下のように表現することができる。$\widehat{\sigma}^2$は大規模校の不偏分散,nはサンプルサイズ(人数),$\overline{x}$は大規模校の平均値,μは母集団の平均値を意味する。

$$t = \frac{\overline{x} - \mu}{\sqrt{\dfrac{\widehat{\sigma}^2}{n}}} \quad (5.5)$$

　表1のデータを式(5.5)に代入すると以下のようになる。

$$t = \frac{8 - 7}{\sqrt{\dfrac{2.5}{5}}} \quad (5.6)$$

$$t = \frac{1}{0.707\cdots} = 1.414\cdots$$

1)第4章のz検定では母分散がわかる場合であったため,母分散を用いて,検定統計量zを求めたが,ここでは母分散がわからないため,不偏分散を用いている。

　第 4 章で扱った z 検定の考え方を応用すれば，1 つの群（グループ）のデータしかなくとも t 検定を行うことができる。イメージとしては母平均と母分散のわからない z 検定ともいえるだろう。

　図表 5-2 で示した大規模校の生徒のデータで説明をする。大規模校の生徒の過剰適応得点の平均値は 8 点である。中学生の母集団の値はわからない。しかし，過去に 10,000 名の中学生を対象にした調査があり，そのときの平均値が 7 点ということがわかっているとする。7 点は母集団の値ではないが，中心極限定理を考えれば，母平均に近い値であることはわかるだろう。したがって，得られた 8 点という値と 7 点という値を比較することは可能である。イメージとしては，独立した 2 群の平均値の差の検定では，小規模校という比較する対象があったが，比較の対象が過去のデータであると考えてみるとよいかもしれない。

　t 値は以下のような式で算出できる。

$$t = \frac{\text{大規模校の平均値} - \text{過去の調査の平均値}}{\sqrt{\dfrac{\text{大規模校の不偏分散}}{\text{サンプルサイズ（人数）}}}}$$

（第 4 章の z 検定では，母分散がわかる場合であったため，母分散を用いて，検定統計量 z を求めたが，ここでは，母分散がわからないため，不偏分散を用いている。）

　これらを数式に置き換えると以下のように表現することができる。$\hat{\sigma}^2$ は大規模校の不偏分散，n はサンプルサイズ（人数），$\bar{x}$ は大規模校の平均値，μ は過去の調査の平均値を意味する。

$$t = \frac{\bar{x} - \mu}{\sqrt{\dfrac{\hat{\sigma}^2}{n}}}$$

図表 5-2 のデータを式に代入すると以下のようになる。

$$t = \frac{8 - 7}{\sqrt{\dfrac{2.5}{5}}} = \frac{1}{0.707\cdots} = 1.414\cdots.$$

　自由度 4 のときの有意水準 0.05 の t 値は 2.776 であるため，大規模校の平均値である 8 点が得られるのは稀なことではないといえる。

　母平均だけがわかる場合の t 検定も，母平均も母分散もわからない場合の 1 標本の t 検定も，同じ数式であるし，わかりやすくするために同じ値を使用して説明している。実際には母平均だけがわかっている状況というのはほとんどないといえるだろう。そのため，読者が実際に使用する可能性があるものは「独立した 2 群の t 検定」や「母平均も母分散もわからない場合の 1 標本の t 検定」かもしれない。しかし，計算をしていくとついつい母平均や母分散など母集団のことを考えず，得られた値が有意だったかどうかばかりを考えてしまいがちになる。

　遠回りに感じるかもしれないが，そうした理論・理屈の部分も理解した上で活用してほしい。

自由度 4 で有意水準 0.05 のときの t 値は 2.776 であるため，大規模校の平均値である 8 点が得られるのは稀なことではないといえる。

3. 対応のある平均値の差の検定

　クラス替えをして，仲の良い友人と離れてしまった経験がある人もいるのではないだろうか？　過剰適応は周りにいるクラスメイトと無関係ではない。そこで，中学 2 年生に進級する際にクラス替えの生じる学校を対象に，過剰適応が変化するかどうかを調べたい。そのためには，同一人物にクラス替え前とクラス替え後の 2 回アンケートを実施する必要がある。このような場合に用いるのは，**対応のある平均値の差の検定**である。

　クラス替えのある日本の中学校からランダムに選ばれた 5 名を対象に，過剰適応尺度に回答を求めた。「独立した 2 群の t 検定」のときと同様に，得点は 1 点から 10 点の範囲に収まる。クラス替え前のデータは中学校 1 年生の 11 月，クラス替え後のデータは中学校 2 年生の 5 月に取得した。生徒の変化を追うため，A くんのクラス替え前と後，B さんのクラス替え前と後のように，データを対応させる必要があることに留意する。

　計算の流れは，「独立した 2 群の t 検定」と同じである。

	クラス替え前	クラス替え後	得点の差 （後 − 前）
A くん	8	9	1
B さん	5	6	1
C さん	1	2	1
D さん	3	5	2
E くん	7	8	1
平均	4.8	6	1.2

図表 5-8　クラス替え前と後の過剰適応得点

(1) 帰無仮説と対立仮説を作る

　今回の場合，帰無仮説は「クラス替え前とクラス替え後の母集団における過剰適応得点の平均は等しい」，対立仮説は「クラス替え前とクラス替え後の母集団における過剰適応得点の平均は異なる」である。記号で表すならば，帰無仮説は $H_0 = H_1$ であり，対立仮説は $H_0 \neq H_1$ で表される。平均は等しいということは H_0 と H_1 の差が 0 と考えることもで

きる。そう考えると，帰無仮説は $H_0 - H_1 = 0$，対立仮説は $H_0 - H_1 \neq 0$ とも表現することができる。

⑵ 各群の平均値の差を算出する

クラス替え前の平均値は 4.8 点，クラス替え後の平均値は 6 点である。それぞれの平均値の差を算出してみると 1.2 点であった。5 人に限定していえば，クラス替え後の方が得点が高いが，母集団としてみた場合は，果たしてどうだろうか？

⑶ t 値を算出する

独立した 2 群の t 検定のときと同様に t 値を算出する。先ほどの場合は，n_1 と n_2 の 2 つがあったが，今回の場合は 5 名の変化を追っているため $n = 5$ となり，自由度は $5 - 1$ で 4 となる。

t 値を算出する式は以下の通りである。

$$t = \frac{\text{得点差の平均} - \text{母平均の差}}{\sqrt{\dfrac{\text{得点差の不偏分散}}{\text{人数}}}} \quad (5.7)$$

これらを数式に置き換えると以下のように表現することができる。

$\bar{x}$ は得点差の平均，μ_d は母平均の差，$\hat{\sigma}^2$ は得点差の不偏分散，n はサンプルサイズ（人数）を意味する。

$$t = \frac{\bar{x} - \mu_\mathrm{d}}{\sqrt{\dfrac{\hat{\sigma}^2}{n}}} \quad (5.8)$$

なお，μ_d は帰無仮説では 0 であるため，実際の計算は以下のようになる。

$$t = \frac{\bar{x}}{\sqrt{\dfrac{\hat{\sigma}^2}{n}}} \quad (5.9)$$

図表 5-9 に Excel での計算例を示す。

t 値を算出すると 6.00 という値になることがわかった。

⑷ t 値が有意かどうかを確認する

t 値が算出できれば，独立した 2 群の t 検定と同様の手続きを用いて

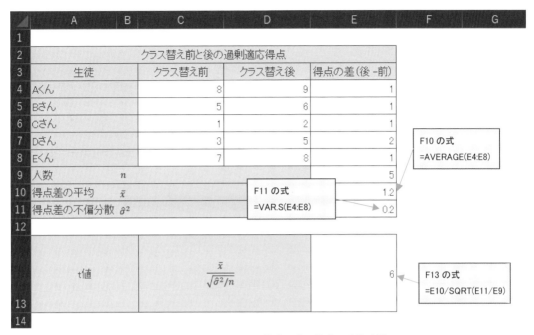

図表 5-9　対応のある平均値の差の検定の計算手順

有意かどうかについての確認を行うことができる。今回の場合も両側検定を採用する。これは、クラス替え前よりも後の方が過剰適応得点が高くなるのか低くなるのかの仮説がないためである。巻末の t 分布の表[1] を用いる。有意水準 0.05、自由度 4 のところを見ると、2.776 とある。今回得られた値の絶対値はこの値よりも大きいため、このような t 値をとる確率は 5% よりも少ないと判断できる。

1）巻末 p.185 参照。

⑸ 結果を元に、どちらかの仮説を棄却する

今回の場合、帰無仮説は「クラス替え前とクラス替え後の母集団における過剰適応得点の平均は等しい」、対立仮説は「クラス替え前とクラス替え後の母集団における過剰適応得点の平均は異なる」であった。「クラス替え前と後における過剰適応得点の平均は等しい」という前提のもと、4.8 点と 6 点という平均値が現れることはめったにないということがわかった。つまり、前提である「クラス替え前とクラス替え後の母集団における過剰適応得点の平均は等しい」は誤りであると判断できるため、対立仮説である「クラス替え前とクラス替え後の母集団における過剰適応得点の平均は異なる」を採択する形となる。

<table>
<tr><td colspan="2">コラム8</td><td colspan="2">区別しないことの弊害</td></tr>
</table>

　「独立した2群の t 検定」と「対応のある平均値の差の検定」の基本的な考え方は類似しているため，区別する必要が本当にあるのか疑問に感じる人もいると思う。そこで，対応のある平均値の差の検定で使用した図表5-8のデータを，独立した2群の t 検定の計算式で計算を行ったらどのようになるのだろうか？

　本来はクラス替え前と後の5名の変化を追ったデータであるが，今回は別な群として扱うこととする。t 値を算出するための式は（5.2）式（p.96）を用いる。

　図表5-8のデータを式（5.2）に入れると以下のようになる。

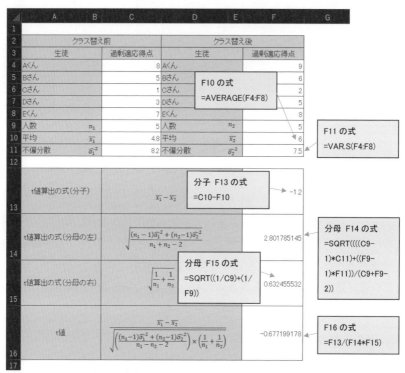

図表5-10　対応のあるデータを独立した2群の t 検定として計算したときの計算手順

　巻末の t 分布の表を見ると，自由度が8のときの t 値は2.306であるため，帰無仮説を棄却できないことがわかるだろう。

　対応のある平均値の差の検定では，同じ個人からデータを取得するため，散らばりは小さくなる。昨日の過剰適応得点が10点だった人が，今日になると1点になるというのは，起こりうるかもしれないが，基本的には考えにくいだろう。このことを別な表現を用いるのであれば，差の標準誤差（第4章参照）が小さくなるともいえる。一方，対応のない t 検定では，別な個人からデータを取得するため，散らばりが大きくなる。別な個人を対象にしているので，過剰適応得点が10点の人もいれば，1点の人もいるのは何もおかしな話ではない。別な表現を用いるのであれば，差の標準誤差が大きくなるともいえるだろう。

　このように，「独立した2群の t 検定」と「対応のある平均値の差の検定」はどちらも t 検定であるが，これらを区別せずに計算を行うと，正しい結果を得ることができないのである。

3-1 解釈する際の注意点

　今回の「対応のある平均値の差の検定」では，クラス替え後の方が過剰適応得点が有意に高いこととが明らかとなった。では，この結果をもって，クラス替えの後は過剰適応得点が高くなると結論づけてよいだろうか？　たとえば，この変化がクラス替えによるものではなく，生徒の発達によるものである可能性も否定できない。つまり，クラス替えがある・ないにかかわらず学年が上がると過剰適応的な振る舞いを身につけるという考えもあるだろう。このことを明らかにするためには，クラス替えがあった学校（実験群）だけでなく，クラス替えがなかった学校（統制群や対照群などと表現される）のデータも必要となってくる。このように，複数の要因について検討する分析方法は，6章「分散分析」の中の「二要因分散分析」[1]を参照してほしい。

1）第6章3「二要因分散分析」（p.122）参照。

4. 効果量

　ここまで t 検定について述べてきた。独立した2群の t 検定も対応のある平均値の差の検定も有意であることで母集団に差があったことを意味することは理解できたと思う。では，t 値が高ければ高いほど，大きな差があるといえるのだろうか？　図表5-11 はどちらも2つの群に差がある場合の分布を描いているが，下図の方が差が大きいといえるだろう。あくまで t 検定における有意差は「2つの母集団に差がある」「帰無仮

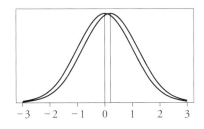

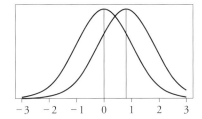

図表5-11　効果量の異なる2つの分布

説を棄却した」ことを示しているだけである。よくある誤解として、有意水準 0.05（論文などでは $p<.05$ と表現することが多い）よりも有意水準 0.001（論文などでは $p<.001$ と表現することが多い）の方が影響力があるという勘違いである。有意水準は帰無仮説が誤っていると判断する基準となる確率なので、5%よりも 0.1%の方が誤っている確率は低いが、数字そのものは影響力や効果を示しているわけではない。特に 5%水準で有意な場合は*（アステリスク）、0.1%水準で有意な場合は***とアステリスクの数を増やして表現することもあるので、そのように誤解してしまうのかもしれない。

　一方、研究などで知りたいのは、差があったかどうかだけでなく、差の大きさについて知りたいと思うことが一般的だろう。極端な例だが成人でも身長が伸びる薬が開発された。研究によれば、この薬を飲む前と飲んだ後を比較すると、飲んだ後の方が飲む前よりも、統計的に有意に身長が伸びたということが明らかとなった。しかし、伸びたのは平均 0.5 cm だった。果たして、みなさんはこの薬を飲みたいと思うだろうか？　もちろん、0.5 cm でも身長を伸ばしたいと考えている人にとっては魅力的な薬ではあるだろうが、ほとんどの人はわざわざ飲みたいとは思わないのではないだろうか？

　有意であるということは、帰無仮説を棄却することである。ほとんどの場合、帰無仮説は「A の母集団と B の母集団における○○得点の平均は等しい」という形で立てられる。この帰無仮説を棄却できた場合、得られる結論は対立仮説である「A の母集団と B の母集団における○○得点の平均は異なる」であって、どれくらい異なっているかについては述べられていない。そのため、2 つの母集団の平均は異なるという結論が出たとしても、先ほどの身長の例のように、その違いがわずかしかない場合や、私たちの生活では意味をなさないレベルの差しかない場合も起こりうるのである。

　では、どのくらいの差（効果）があるのかを示す方法はないのだろうか？　そこで出てくるのが**効果量**[1]と呼ばれる指標である。t 検定においては効果量は差の大きさを示している。

　効果量にはさまざまな種類のものがあるが、t 検定では一般的に**コーエンの d**[2]という効果量が使用される。

$$d = \frac{\bar{x}_1 - \bar{x}_2}{\sqrt{\dfrac{n_1 s_1^2 + n_2 s_2^2}{n_1 + n_2}}} \quad (5.10)$$

「独立した 2 群の t 検定」で示した大規模校と小規模校のデータ（図表 5-2 のデータ）で計算してみる。

1) effect size

2) Cohen's d

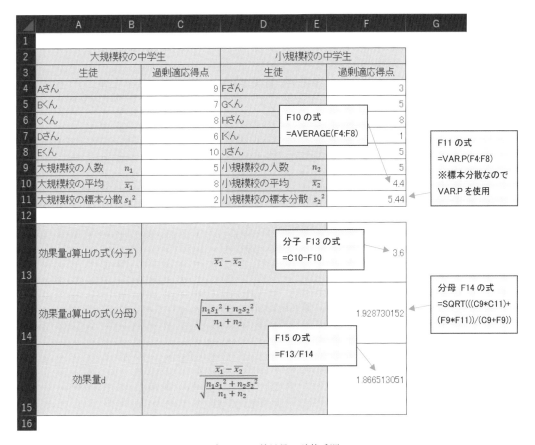

図表 5-12　効果量の計算手順

（5.10)式を図表 5-2 のデータで表すと，以下のようになる。表記が煩雑になるため大規模校を大規模，小規模校を小規模と記す。この式の場合，分散が不偏分散ではなく，標本分散（分母が $n-1$ ではなく n のもの）であることに注意する。

$$d = \cfrac{\text{大規模の平均} - \text{小規模の平均}}{\sqrt{\cfrac{\text{大規模の人数} \times \text{大規模の標本分散} + \text{小規模の人数} \times \text{小規模の標本分散}}{\text{大規模の人数} + \text{小規模の人数}}}}$$

$$(5.11)$$

これを実際の数値に当てはめると以下のようになる。

$$d = \cfrac{8 - 4.4}{\sqrt{\cfrac{5 \times 2 + 5 \times 5.44}{5 + 5}}} \quad (5.12)$$

図表 5-12 に Excel での計算例を示す。

計算の結果, 1.87 という値が算出された。t 検定の流れでは, 値を算出した後に有意かどうかを確認する段階を経るが, 効果量は得られた値そのもので評価する。

効果量を評価する目安として, 0.2 程度で小さな差, 0.5 程度で中程度の差, 0.8 程度で大きな差とする基準がある [1]。この基準を図示すると図表 5-13 のようになる。

1) Cohen (1969)

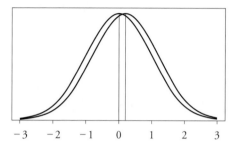

図表 5-13(1)　d=0.2 のときのグラフ（小さな差）

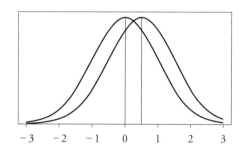

図表 5-13(2)　d=0.5 のときのグラフ（中程度の差）

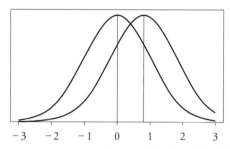

図表 5-13(3)　d=0.8 のときのグラフ（大きな差）

d の値が大きくなるほど, 2 つの分布が離れているのがわかるだろう。ここで, 先ほど計算した値 1.87 をコーエンの効果量の基準に照らし合わせてみる。効果量は d=0.8 よりも大きいため, 非常に大きな差があ

ることがわかる。これを図に表すと以下のようになる（図表 5-14）。このようにみると，有意差があることそのものが，2 つの群の差の大きさを意味しているわけではないことがわかるだろう。

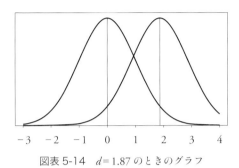

図表 5-14　d=1.87 のときのグラフ

　ここまでコーエンの d について説明してきた。効果量は誤解と混乱の多い概念である。t 検定の効果量はここで述べたコーエンの d だけではなく，複数の指標がある。d は，標本分散を用いることからも得られたデータについての効果量を示していることがわかる。そのため，t 検定の場合，Hedges の g という指標の方が推奨されるという指摘もある[1]。一方で，独立した 2 群の t 検定の場合でも，対応のある平均値の差の検定の場合でもコーエンの d を用いることができるという考え方もある[2]。効果量について詳しく知りたい方は，日本語でよくまとまった良書として大久保・岡田（2012）が挙げられるので，参考にされたい。

1) 大久保・岡田（2012）

2) Cortina & Nouri（2000）

　対応のある平均値の差の検定では，中学校のクラス替えを例に，同一人物のクラス替え前とクラス替え後の得点の変化を扱った。説明ではわかりやすくAくん，Bさん，Cさんと氏名とデータを合わせて表に列挙した。しかし，実際に調査を行う際に，「氏名」や「クラスと出席番号」「携帯電話の番号」などの個人を特定できる情報を取得する方法は2つの点から問題がある。

　1つ目は，回答に歪みをもたらす可能性があるという問題である。たとえば，アンケートが記名式であれば，他者からの評価を懸念して，わざと自分をよく見せようとする心理が働き，歪みのあるデータになるかもしれない。特に，学校現場で実施するアンケートの場合，いくら「先生は回答を見ません」「成績には関係ありません」とアンケート内に書かれていても，教員が見るかもしれない，成績に関係するかもしれないと思う中学生が出てきてもおかしくないだろう。

　2つ目は，個人を特定できる情報を取得してしまうことによる管理上の問題である。仮に外部の研究者が1000名の中学生の氏名を含んだデータを取得したとき，その情報を流出してしまったらどうなるだろうか？　そしてその情報が悪用されてしまったとしたら？　考えてみただけでも恐ろしいことになることがわかるだろう。

　では，同じ人物を追った調査（縦断調査やパネル調査という表現を使うこともある）を実施するためにはどうすればよいだろうか？　さまざまな方法が考えられるが，1つの方法として，個人を特定することが困難な指標を複数取得することで，固有のIDを作成するという方法である。たとえば，1回目の調査に，携帯電話・スマートフォンの電話番号の「下2桁だけ」と生年月日の「日にちだけ（2桁）」を尋ねる項目を加えておく。この2つを組み合わせると，4桁の数字のIDを作成することができる。2回目の調査でも同じ項目を尋ねることで，回答者が誰かという個人は特定できないが，1回目と同じIDの回答があれば，同一人物であると判断することができる。

　IDが偶然重複することが心配なのであれば，これらのIDに調査で取得した基礎的な情報（性別，学年など）を加えることで重複する可能性を低くすることができる。たとえば，2025というIDが算出されたとしても，性別もIDに加えることで，男性の2025，女性の2025，性別を答えたくない人の2025は別なIDとして機能する。IDとして利用できる項目にはさまざまなものがあるが，個人に1つだけ割り振られており，調査期間中に変動する可能性が著しく低いことが条件となる。たとえば，年齢もIDとして利用できるが，調査期間中に誰が誕生日を迎えたのか判断できないため，おすすめはできない。

　もちろん，作成されたIDは万能ではない。まったく別人であるが同じIDが算出される可能性も0ではない。調査期間中に携帯電話を紛失したため，新規契約をして番号が変わったという人もいるかもしれない。携帯電話の電話番号の「下2桁だけ」，生年月日の「日にちだけ（2桁）」を尋ねてもどこかで個人を特定できるのでは？　と疑心暗鬼になる人もいるだろう。また，学校現場であれば，スマートフォンは全員が持っているわけではないので，調査項目にはふさわしくないと判断される可能性もある。

　IDを作成する方法には，このような限界があるが，少なくとも氏名などの個人情報を取得する方法よりは，回答者の抵抗感を減らすことができ，情報を管理する上でのリスクを減らすことにもつながる方法であると考えられる。

6
Chapter

　運動部に所属している生徒，文化部に所属している生徒，部活に所属している生徒で，日々の充実感得点の違いを研究したい場合，どのような分析方法が有効だろうか。3つ以上のグループの平均値の比較において，活躍する分析手法が分散分析である。比較したい群が3群以上ある場合や，2つ以上の独立変数の効果を検証する場合など，心理学の研究においては分散分析が多く用いられる。本章ではこの分散分析について解説する。

1. 分散分析

1-1 分散分析とはなにか

　ある研究者が，高校生が部活動に所属することによる日々の充実感の違いの研究をしたいと考えた。とくに，運動部に所属している生徒は，文化部に所属している生徒や，部活に所属していない生徒よりも，日々の充実感を感じているに違いない，と仮説を立てた。この研究において適切な統計手法は何だろうか。

　この研究の場合，「運動部」「文化部」「無所属」の3群による日々の充実感の違いを比較することが必要になる。しかしながら，前章で紹介したt検定では，2群の平均値の比較が限界であるため，本章で新たに紹介する統計手法である**分散分析**[1]が必要である。分散分析は，**複数のグループ間で平均値に差があるかどうかを検定するための統計的手法で**ある。すなわち，比較したい群の数が2群の場合にはt検定が，3群以上の場合には分散分析が用いられる。

　たとえば，心理学的な実験に際して，実験前，実験中，実験後の値の変化を比較したい場合がその例としてあるだろう。ほかにも，中学生・高校生・大学生のアンケート結果を比較することや，普段用いることの多いSNSの種類（X, Facebook, Instagram, Line, TikTok など）と日々の心理状態の比較といった研究も考えられる。このように，3群以上の平均値を比較することは心理学的な研究では多くある。このような場合に用いられる方法が，分散分析である。

1) analysis of variance

1-2 分散分析の帰無仮説

　分散分析を行う場合，帰無仮説・対立仮説は以下のようになる。

　帰無仮説：すべての群の平均値に差がない。
　対立仮説：少なくとも1つの群の平均値に差がある。

　ここで注意する必要があるのは，対立仮説が「差がある」ということである。つまり，分散分析は，群の間に平均点の差があるかどうかを検討するための検定手法であり，どの群とどの群の間に差があるのかを検討するものではない。

　たとえば，先述の部活動の種類と日々の充実感の関係の場合，仮説は以下のようになる。

帰無仮説：部活動の所属による日々の充実感に差はない。

対立仮説：部活動の所属による日々の充実感に差がある。

　分散分析の対立仮説は「差がある」ことであって，この差が「運動部」と「文化部」の差なのか，「文化部」と「無所属」の差なのかを検討するものではない。そのため，分散分析の結果が有意であった場合，その差がどこにあるのかについて，追加の検定が必要になる。このことについては，次節で詳しく解説する。

1-3　分散分析の考え方

　分散分析は，その名前の通り，データのばらつきや散らばり具合を計算する統計手法である。分散分析では，2種類の散らばりを計算し，その比を求める。

　1つ目の散らばりが，**群間変動**[1]である。群間変動とは，研究者が設定した群による得点の散らばりを示している。先述の例をもとにすると，運動部，文化部，無所属の3つの群の間に，どの程度得点の差があるかということを意味している。たとえば，運動部に所属している生徒の多くが高い得点を出しており，得点が低い生徒の多くが無所属であった場合に，群間の変動は大きいということになる。このように，研究者が想定した独立変数による散らばりの大きさを，群間変動と呼ぶ。

　2つ目の散らばりが，**群内変動**[2]である。群内変動とは，研究者が想定していない要因による，各群の中での得点の変動である。たとえば，運動部の中にも，非常に強く充実感を感じている者もいれば，まったく感じていない者もいるだろう。これらの得点の違いは，生徒ひとりひとりの性格や，その生徒のその日の体調，そのほか無数の要因による得点の散らばりであると考えられる。このように，研究者が想定していない要因，すなわち誤差による得点の散らばりが存在する。この誤差の大きさを計算することで，得点の差がどの程度偶然であった可能性があるのかを検討することができるのである。

　このように，分散分析の基本的な考え方は，データの散らばりとして，群間の散らばりと群内の散らばりの両方を計算することにある。分散分析が有意であるためには，運動部・文化部・所属なしの3群の間で得点の差が大きい，すなわち群間変動が大きいことが期待される。反対に，同じ群に所属している生徒の得点は均一に近いことが望ましい。これに対して，運動部・文化部・無所属の間に平均値の差が小さかったり，同じ群の中に著しく得点の高い者と低い者が混在したりするような場合には，群間の平均値の差は「単なる偶然である」と判断される。つまり，

1) between sum of squares

2) within sum of squares

群間変動が大きく，群内変動が小さいほど，分散分析は有意と判断され
やすいのである。

　分散分析では，群間変動を群内変動で割った値である F 値を計算する。
この F 値が大きいほど，群間のばらつきが，群内のばらつきに比べて
大きいということになる。つまり，F 値が高いほど，平均値に意味のあ
る差がある可能性が高くなるのである。F 値が有意水準よりも大きけれ
ば，帰無仮説を棄却し，平均値に差があることを示す。このように，分
散分析は，複数の群間での平均値の差を検定するための効果的な手法と
して，心理学分野で多く用いられている。

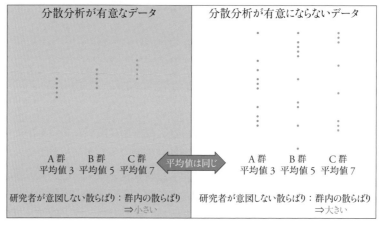

図表 6-1　分散分析が有意になる／ならない場合のイメージ

1-4　要因と水準

　分散分析を行う際，「要因」「水準」を記述する必要がある。ここでは，
分散分析に多用されるこの 2 つの用語の解説を行う。

　まず，**要因**とは，分散分析で検討したい独立変数のことである。例の
場合，部活動の違いによる充実感得点の差を検討するものであるため，
この場合の要因は「部活動の違い」となる。すなわち，得点の差をもた
らす原因と研究者がとらえているものが，分散分析における要因である。
後述するが，分散分析では，2 つ以上の要因を検討することも可能であ
る。分散分析では，要因によって群を分け，各群間での平均値の差を比
較することにより，要因による得点差があるのかどうかを検討する。

　要因には，被験者間要因と被験者内要因の 2 つの種類がある。

　被験者間要因とは，異なる被験者間の違いが要因となるものである。
例にあげた「部活動による違い」は，被験者間要因にあたる。ほかにも，

年齢や性別などが被験者間要因としてあげられる。このように，異なる二者以上を比較する場合には，被験者間要因の分散分析が用いられる。

これに対して，**被験者内要因**とは，同じ被験者内で，状況の違いが要因となるものである。たとえば，同じ人物に対して，平日の充実感と休日の充実感の得点を比較する場合には，被験者内要因となる。ほかにも，心理学的な実験を行い，その前後での得点の比較を行う場合にも，被験者内要因となる。このように，平日と休日の違い，実験を行う前と後など，状況の違いによる同じ被験者内の得点を比較する場合に，被験者内要因の分散分析が用いられる。

一方で**水準**は，要因に基づいて群を分けるための区分である。独立変数の効果を調べるために，その独立変数をいくつかの「水準」に分けて，各水準における得点の散らばりを求める。例の場合，運動部，文化部，無所属の3群の比較を行おうとしているため，水準数は3となる。ほかにも，中学校・高校・大学の得点の比較の場合の水準数は3となり，X，Facebook，Instagram，Line，TikTok の比較の水準数は5となる。

以上をふまえると，例題の分析は，被験者間一要因3水準の分散分析となる。

1-5 検定の多重性

部活動による充実感得点の違いを比較する場合，分散分析を行わなくても，運動部と文化部，文化部と無所属，運動部と無所属で，3回 t 検定を行うことも考えられるかもしれない。しかしながら，同じ分析を繰り返す手続きは，望ましくないとされている。なぜなら，分析を繰り返すことにより，本来であれば有意でなかった結果を，有意として判断してしまう可能性が高まるためである。統計解析においては，一度の分析において，5％および1％という厳しい水準を設定することで，「ほとんどの可能性で，偶然ではないこと」を確認している。このことは，単なる偶然の結果を，「有意」としている可能性が1％および5％程度あることを意味している。同じデータを用いて分析を繰り返すことは，これらの偶然である可能性を累積させ，有意差が存在しないにもかかわらず，有意差があると誤って判断する可能性が高まることにつながる。このことは，**検定の多重性の問題**と呼ばれている。したがって，3群以上の平均値の差を検証する場合には，t 検定を繰り返すのではなく，一度の分散分析を用いることが望ましいとされている。

1-6 効果量

分散分析で得られた効果の大きさを評価するために用いられる指標のひとつが，**効果量**である。先に述べたように，分散分析では群間に「有意な差がある」ことが明らかになる。しかしながら，「その差がどの程度の大きさか」を示すものではない。そこで検討されるのが，効果量である。効果量は，F 値や p 値だけでは示されない，実際にはどの程度の効果があるかということを数値で表現する点に特徴がある。たとえば，部活動と日々の充実感の関係を調べる場合，部活動による日々の充実感得点の差異が，p 値を基準に有意であったと判断しても，実際にその差異がどの程度の大きさであるかは不明確である。このような場合に，効果量を算出することで，部活動による得点の差の大きさを数値化することができる[1]。

1）二要因分散分析の効果量には，η^2 や partial η^2，ω^2 などの指標が用いられることが多いとされるが（水本・竹内，2008），本章では η^2 を扱う。

2）one way ANOVA

2. 一要因分散分析の具体的な手順

2-1 一要因分散分析[2]の計算式

先述の仮説にもとづき，研究者は高校生に質問紙調査を実施した。調査内容は，部活動の所属（運動部・文化部・無所属）と，日々の充実感の得点である。なお，日々の充実感の測定については，「まったく充実していない」を "1"，「非常に充実している」を "10" の 10 件法で調査した。その結果，以下のような 18 人分のデータを集めることができた。このデータにもとづき，本節では一要因 3 水準の分散分析の具体的な計算方法について述べる。

aさん	bさん	cさん	dさん	eさん	fさん	gさん	hさん	iさん
運動部	文化部	所属なし	運動部	文化部	所属なし	運動部	文化部	所属なし
8	3	5	7	3	6	6	2	7

jさん	kさん	lさん	mさん	nさん	oさん	pさん	qさん	rさん
運動部	文化部	所属なし	運動部	文化部	所属なし	運動部	文化部	所属なし
7	4	4	5	2	3	4	4	6

まず初めに，Excel では，群ごとに並べて配置するのがいいだろう。データは，次のように整理される。

	部活	日々の充実感
aさん	運動部	8
dさん	運動部	7
gさん	運動部	6
jさん	運動部	7
mさん	運動部	5
pさん	運動部	4
bさん	文化部	3
eさん	文化部	3
hさん	文化部	2
kさん	文化部	4
nさん	文化部	2
qさん	文化部	4
cさん	所属なし	5
fさん	所属なし	6
iさん	所属なし	7
lさん	所属なし	4
oさん	所属なし	3
rさん	所属なし	6

図表 6-2

次に，具体的な計算式について述べる。前節ですでに述べたように，分散分析では，F値を算出する。F値の計算式は，以下のようなものである。

$$F = \frac{\mathrm{SSA}/(\alpha - 1)}{\mathrm{SSe}/(n - \alpha)}$$

式に含まれている文字についてそれぞれ示すと，SSA[1]は群間平方和，すなわち群間変動の合計値である。これに対して，SSe[2]は，誤差平方和，すなわち群内変動（誤差）の合計値を意味している。この式の α は水準の数を，n は被験者数を示している。$\alpha - 1$ は群間の自由度を，$n - \alpha$ は群内の自由度を，それぞれ示している。したがって，この計算式を言葉で説明すると，次のようになる。

$$F = \frac{群間平方和 / 群間の自由度}{誤差平方和 / 群内の自由度}$$

1) SSA：Sum of Squares for the Factor A

2) SSe：Sum of Squares for error

2-2 一要因分散分析の具体的な手順

上述した計算式を算出するためには，以下の具体的な手順を用いることが必要である。

手順1 全体各群の平均値・標準偏差の算出

まず，各群の平均値および標準偏差を計算する。

手順2 群間平方和の算出

平均値および標準偏差をもとに，群間の散らばりの合計値である群間平方和を算出する。群間平方和は，以下の計算式で求めることができる。なお，式中の α は群数，n_j は j 番目のサンプル数，y_j は j 番目の群の平均値，$\overline{y}$ は全体の平均値をあらわす。

$$\mathrm{SSA} = \sum_{j=1}^{\alpha} n_j (y_j - \overline{y})^2 \quad (6.2)$$

これを言葉で説明すると，群間平方和（SSA）とは，各群の平均値と全体の平均値の差を2乗した値を，各群のデータ数で重み付けして足し合わせたものである。たとえば，運動部の群間平方和の計算の場合には，運動部の平均値6.17と全体の平均値4.78の差を2乗した値を，運動部群のデータ数6で重み付けして算出される。文化部群，無所属群も同様に計算して足し合わせる。

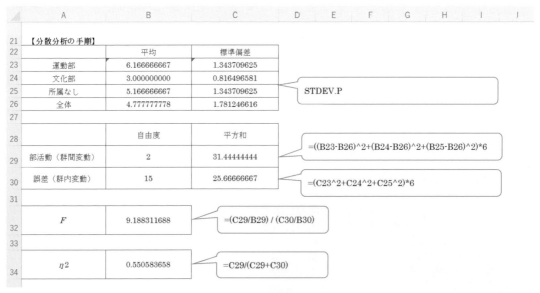

図表6-3　分散分析の手順

手順3　誤差平方和の算出

次に，誤差平方和を算出する．誤差平方和は，研究者が想定していない要因による得点の変動を示す値であり，群内の変動を意味している．誤差平方和の計算方法は，以下のようなものである．

$$\mathrm{SSe} = \sum_{j=1}^{a} n_j \, s_j^2 \quad (6.3)$$

これを言葉で説明すると，標準偏差の2乗に各群の人数をかけた数の総和が，誤差平方和となる．

手順4　*F*値の計算

最後に，群間変動と群内変動から*F*値を計算する．*F*値は，群間変動を群内変動で割った値で表される．

手順5　*F*分布との比較

*F*値が算出されたあと，その値を*F*分布表に照らし合わせて，有意かどうかを判断する．*F*分布は確率密度関数の一種であり，分散分析において，群間の変動が偶然によるものかどうかを判断するために用いられる．この分布と*F*値を比較することで，群間の差異が統計的に意味のあるものかどうかを判定する．

*F*分布は，2つの自由度によって決められる．1つは，群間の自由度，もう1つは群内の自由度の2つである．*F*分布の形状は，データ数が大きくなることにより，すなわち自由度が大きくなるにつれて，正規分布に近づいていく性質をもつ．

分散分析では，*F*値を計算し，その値と*F*分布表を比較して，帰無仮説を棄却するかどうかを決定する．今回の例では，*F*値が9.21という値が算出された．この数字を，巻末の*F*分布表[1]と比較することになる．自由度は，群間の自由度（3−1）は2，群内の自由度（18−3）は15となる．*F*値を*F*分布表で調べると，自由度2と15のとき，有意水準1%での上側確率は6.36である．*F*値がこの値を超えていたことから，分散分析は有意水準1%で有意であり，意味のある違いは示されたと判断される．

1）巻末 p.186, 187

手順6　効果量の算出

ここでは，代表的な効果量として，η^2を算出する．η^2は効果量の1つであり，説明変数が従属変数に対してどれほど影響を与えるかをあらわす．

η^2 の値が大きいほど，説明変数の影響が大きいと解釈される。η^2 は，以下の式で算出される。

$$\eta^2 = \frac{\text{SSA}}{\text{SSA} + \text{SSe}} \quad (6.4)$$

すなわち，群間平方和を，群間平方和と誤差平方和を足した数字で割った数が，効果量 η^2 となる。

1) post hoc comparison

2-3 多重比較 [1] の実施

先述のように，分散分析の対立仮説は，「差がある」ことである。したがって，分散分析の帰無仮説を棄却した場合には，どの群とどの群に差があるのかを検討する検定が必要である。分散分析によって有意差が認められた場合，どの群間に有意差があるかを検定する手法は，事後検定と呼ばれる。そのなかでも多重比較は，事後検定の一つの手法であり，テューキー法 [2] やボンフェローニ法 [3] などが代表的な方法である。

2) Tukey method

3) Bonferroni method

本節では，多重比較の代表例として，**テューキー法**にもとづく検定を行う。テューキー法は，群間の平均値の差を比較する統計手法である。テューキー法では，以下の手続きで検定を行う。

①各群の差の算出

まず，各群の平均値の差を比較する。例題の場合，運動部と文化部，運動部と無所属，文化部と無所属の平均値の差が計算される。

②HSD 得点の算出

4) HSD : Honestly Significant Difference

テューキー法では，HSD [4] を使用して多重比較を行う。HSD は，最小有意差を求めるための統計量であり，以下の式で求められる。

$$\text{HSD} = q \times \sqrt{\frac{\text{SSe}}{(n - \alpha)n_i}} \quad (6.5)$$

ここで n_i は各群の人数（群内の人数が同数のとき）を示す。なお，式中の q については，自由度にもとづく表によって検討する [5]。例の場合には，群数は 3，残差の自由度は 15 であるので，$q = 3.67$ となる。

5) 巻末の q 分布の表 (p.189) を参照。

以上の結果により，HSD が 1.959 であることが示された。1.959 よりも大きな値をとったのは，運動部と文化部の差，文化部と無所属の差の 2 つであった。こうしたことから，文化部よりも運動部において，および文化部よりも無所属において，日々の充実感の得点が高いことが明らかになった（$p < 0.05$）。

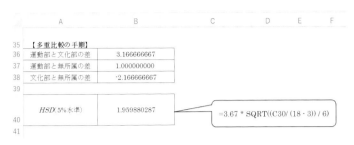

図表 6-4　多重比較の手順

2-4　一要因分散分析のまとめ

　以上が分散分析の例である。以上の結果を文章で説明すると，次のようになる。

　部活動の違いを独立変数，日々の充実感を従属変数とした，被験者間一要因3水準の分散分析を行った。その結果，部活動による日々の充実感に差異があることが明らかになった（$F(2, 15) = 9.19$，$p < 0.01$）。テューキー法に基づく多重比較の結果，運動部および無所属よりも文化部の充実感得点が低いことが示された（$p < 0.05$）。

コラム 10　　さまざまな多重比較

　本章では，多重比較の代表例としてテューキー法を紹介した。一方で，多重比較にはこのほかにも，ボンフェローニ法，ホルム法など，代表的な手法が数多く存在する。これらにはどのような特徴があるだろうか。

　ボンフェローニ法は，多重比較の中でも最も頑健な方法の1つとして知られている。本章で述べたように，統計的検定を繰り返すことで，偶然の差異を有意と判断してしまう確率が高まることが懸念されている。これに対して，ボンフェローニ法では，統計的検定の回数で割ることで，より厳しい有意水準を再設定する。このように，多くの比較を行うほど，厳しい有意水準が設けられる点に特徴がある。

　ホルム法は，ボンフェローニ法を発展させた手法である。ボンフェローニ法は，頑健な特徴により，本来は有意であった差を棄却してしまう懸念があった。これに対して，ホルム法は，ボンフェローニ法の保守的な性質を緩和した方法である。具体的には，p 値を小さい順に並べたうえで，元の有意水準を残りの検定回数で割ることで，それぞれの検定が有意であるかを判定する手法である。

　このように，多重比較にもいくつかの種類があり，その特徴や用いられる場面が異なる。たとえば，頑健な統計的検定が求められる場合においては，ボンフェローニ法が望ましいだろう。一方で，水準数が多い場合には，ボンフェローニ法は本来の有意差を棄却してしまう危険性があることから，テューキー法やホルム法が適切であろう。このように，多重比較においては，それぞれの特徴を理解して，研究目的や分析によって適切な手法を用いるのが望ましいだろう。

3. 二要因分散分析

3-1 二要因分散分析とはなにか

　前節では，部活動の所属による日々の充実感の違いを例に，検討を行ってきた。これは，部活動の所属という 1 つの要因による得点の差異を検討しているため，一要因分散分析と呼ばれる。これに対して，以下の例だとどうだろうか。

　先ほどの研究結果をもとに，研究者は日々の充実感を向上させるための，新しいプログラムを開発した。このプログラムへの取り組みが，実際に日々の充実感の向上に寄与するのかを検証したいと考えた。そのため，被験者を統制群と介入群の 2 つの群にランダムに割り付け，それぞれのグループで，3 日間のプログラムを実施した。介入群では新しい充実感向上プログラムが導入され，統制群では通常の心理学的なプログラムが行われた。実験前と実験後の両方で，感じている充実感に対する調査が行われた。このテストは 0 から 10 のスケールでスコアリングされた。

統制群		介入群	
実験前	実験後	実験前	実験後
4	5	5	7
5	5	5	7
5	5	5	7
5	5	5	8
6	6	6	8
6	6	6	8

図表 6-5　例題 2

　このような研究を行った場合，どのような分析をすることが望ましいだろうか。この場合には，

　　① 実験群，統制群

の割り当てのほかに，

　　② 実験前，実験後

という 2 つ目の要因を含めて，検討することになる。このような場合に役に立つのが，**二要因分散分析**[1] である。

1) two way ANOVA

先に述べたように，分散分析では，2つ以上の要因による得点の差異を示すことができる。2つの要因による得点の差を分析する場合の分散分析は，二要因分散分析と呼ばれる。

　二要因分散分析は，2つの独立変数（要因）が従属変数に及ぼす影響を検討するための統計的手法である。今回のケースでは，実験群か統制群に属すること（要因1）と実験前か実験後か（要因2）の2つの要因が，被験者の日々の充実感（従属変数）にどのように影響を及ぼすかを調査するために，二要因分散分析を適用する。

3-2　二要因分散分析の方法

　一要因分散分析の場合，検証したい独立変数の数は1つであるため，それによる得点の違いを検証するのみでよい。ところが，二要因分散分析では，要因が複数となるため，一要因分散分析よりも，複雑な分析方法となる。具体的には，二要因分散分析では，以下の3つの観点から，有意差を検証する。

① 　要因1（実験群，統制群）による影響

　充実感向上プログラムが，実際に被験者の充実感に影響を与えるかどうかを検証する。二要因分散分析の場合，1つの要因のみが与えている影響の効果のことを，**主効果**と表現する。例題の場合，介入群の得点の平均値は 6.42，統制群の平均値は 5.25 であった。主効果の検証を行う場合には，これらの数値を比較することになる。

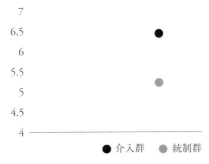

図表 6-6　要因1の主効果（介入群・統制群）

② 要因2（実験前，実験後）による影響

　時間（実験の前後）が被験者の充実感に影響を与えるかどうかを検証する。これも，要因2の主効果の検定と表現される。実験前の平均点は 5.25，実験後の平均点は 6.42 となるため，次の図のような形となる。

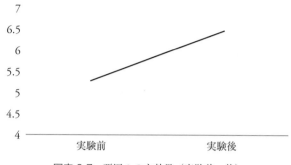

図表 6-7　要因2の主効果（実験前・後）

③ 要因1と要因2の組み合わせによる影響

　さて，ここまでの2つは，一要因分散分析や t 検定でも行われた，異なる群の平均値の比較にすぎない。③で行われる組み合わせの検討こそが，要因が2つ以上の分散分析に特徴的なものである。

　二要因分散分析では，新しく組み合わせによる影響を検証することが必要になるのである。分散分析において，複数の要因が組み合わさったときに初めて現れる得点の差を，**交互作用**と表現する。この実験について，交互作用を検証した結果は，次の図のようになる。

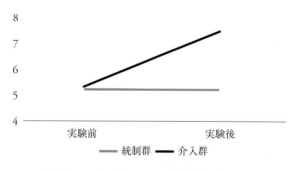

図表 6-8　組み合わせによる効果（交互作用）

　図を見ると，統制群では，実験前と実験後で，大きな得点の差が示されていない。これに対して，介入群においては，実験前後で得点の差が示されたといえる。このように，要因1と要因2が別々に検討された場合には，これらの違いがわからなかった。二要因分散分析によっては

じめて介入群のみが，実験前後で得点の増加が示されたといえるのである。

　このような分析により，実験群と統制群の間での充実感の違い，実験前後での充実感の変化，および各群が時間経過とともにどのように変化するかを詳細に調査することができる。

3-3　単純主効果の検定

　二要因分散分析で交互作用が示された場合，続いて行われるのが，**単純主効果**の検定である。交互作用が示されたということは，2つ以上の要因を組み合わせてはじめて生じる効果があることが示されている。その効果がどの部分で生じているかを検討するのが，単純主効果の検定である。たとえば，要因 A が2つの水準（A1，A2），要因 B が2つの水準（B1，B2）である場合，要因 A を1に固定した場合の B1 と B2 の得点差，要因 A を2に固定した際の B1 と B2 の得点差，要因 B を1に固定した場合の A1 と A2 の得点差，要因 B を2に固定した場合の A1 と A2 の得点差を，それぞれ統計的に検定する。このように，すべての組み合わせの得点差を検定することで，交互作用による組み合わせの効果がどの部分に生じているかを検討するのが，単純主効果の手法である。

　実験の例でいえば，2つの要因を組み合わせているため，4つの得点の差異が想定される。具体的には，①要因1を「介入群」に限定した場合の実験前後の得点の差，②要因1を「統制群」に限定した場合の実験前後の得点の差，③要因2を「実験前」に固定した場合の「介入群」と「統制群」の得点の差，④要因2を「実験後」に固定した場合の「介入群」と「統制群」の得点の差の4つである。交互作用が示された場合には，これらを検証し，どの部分に有意差があるのかを検証するのである。

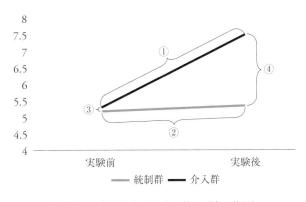

図表 6-9　組み合わせによる効果（交互作用）

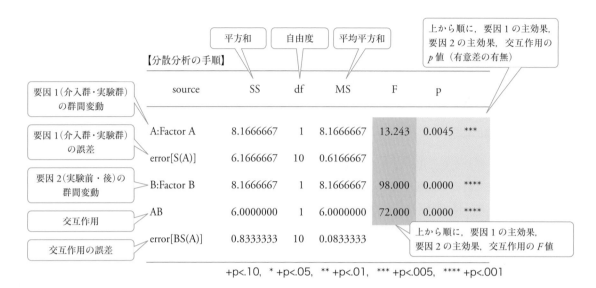

+p<.10,　* +p<.05,　** +p<.01,　*** +p<.005,　**** +p<.001

図表 6-10　二要因分散分析の結果

3-4 結果の見方

　二要因分散分析については，分析が複雑になるため，SPSS や R など
の分析ソフトを用いて行うことが一般的である。そのため，Excel によ
る具体的な計算については，本書では割愛する。一方で，結果の読み取
りについては，共通して求められることが多いため，本節では，二要因
分散分析の結果の読み取りについてのみ，解説を行う。

　下に示すのは，ANOVA4（Kiriki, 2002）という分析ソフトにおいて，
出力された分散分析の結果である。ほかの分析ソフトにおいても，類似
の表が提示されることだろう。

　まず，source においては，要因を意味している。上から順に，要因1（介
入群・統制群）の群間変動，要因1（介入群・統制群）の誤差，要因2（実
験前・後）の群間変動，交互作用，交互作用の誤差がそれぞれ表示され
ている。次に，行としては，左から順に，SS（平方和），df（自由度），
MS（平均平方和），F値，p値が表示されている。分散分析の交互作用
と主効果の検証を行う場合には，F値と p値に着目することになる。表
の場合には，要因1の主効果，要因2の主効果，要因1と2の交互作
用がすべて有意であることが示されたといえる。

　交互作用が有意であった場合には，単純主効果の検定に進むことにな
る。単純主効果の検定の場合，以下の表が提示される。たとえば，一番
上の A（b1）の effect は，b1 であることから，要因2（実験前・後）を

実験前に固定した場合の効果を示すことになる。次に，A(b2) の場合には，b（要因 2）を 2（実験後）に固定した場合の，統制群・介入群の得点の差を示すことになる。さらに，B(a1) の場合には，a（要因 1）を 1（統制群）に固定した場合の，実験前後の得点の差を示すものである。そのうえで，B(a2) においては，a（要因 1）を 2（介入群）に固定した場合の，実験前後の得点の差を示すものである。このうち，有意差が示されたのは，実験後の統制群・介入群の得点の差，介入群の実験前後の得点の差についてであった。

【単純主効果】

	effect	SS	df	MS	F	p	
③要因 2 を実験前に限定した場合の統制群・介入群の得点の差	A(b1)	0.0833333	1	0.0833333	0.238	0.6309	
④要因 2 を実験後に限定した場合の統制群・介入群の得点の差	A(b2)	14.0833333	1	14.0833333	40.238	0.0000	****
	error		20	0.3500000			
②要因 1 を「統制群」に限定した場合の実験前後の得点の差	B(a1)	0.0833333	1	0.0833333	1.000	0.3409	
①要因 1 を「介入群」に限定した場合の実験前後の得点の差	B(a2)	14.0833333	1	14.0833333	169.000	0.0000	****
	error		10	0.0833333			

+p<.10, * +p<.05, ** +p<.01, *** +p<.005, **** +p<.001

図表 6-11　単純主効果の検定の結果

　以上が二要因分散分析の例である。以上の結果を文章で説明すると，次のようになる。
　充実感向上プログラムの効果の検証のため，群分け（統制群・介入群）×時期（実験前・後）の，被験者内・被験者間混合の二要因分散分析を行った。その結果，交互作用が有意であった（$F(1, 10) = 169.00$，$p < 0.01$）。単純主効果の検定の場合，実験後において統制群よりも介入群の得点が高いこと（$p < 0.01$），介入群において実験前より実験後の得点が高いことが明らかになった（$p < 0.01$）。

　本章でも述べたように，分散分析の帰無仮説は，「すべての群の平均値に差がない」ことである。そのため，分散分析の統計的な有意差は「少なくとも1つ以上の群の平均値に差がある」ことを示すものであり，どの部分に差があるのかが不明瞭である。したがって，分散分析においては特に，どの群間に有意差があるかを検定する事後検定がより重要な役割を果たす。

　本章で解説したように，事後検定の代表例として，多重比較と単純主効果の検定があげられるが，これらは初学者に混同されることの多い概念であるため，注意が必要である。多重比較は，有意であった要因の水準数が3以上であった場合に行われるものであり，どのグループ間に有意な差が存在するかを明確にするために用いる。一方で，単純主効果の検定は，交互作用が有意であった場合に行われるものであり，組み合わせの効果がどの部分に生じているのかを検定するものである。分散分析が3群以上の比較であることから，多重比較は分散分析において頻出の事後検定である。一方で，単純主効果の検定は交互作用が示された場合に限定して登場する特別な手法としてイメージをもっておくと，初学者には理解しやすいかもしれない。

　分散分析で有意差がみられたら事後検定を行うこと，3水準以上の群の有意差が示された場合には多重比較を，交互作用が示された場合には単純主効果の検定を行うこと，これらを鉄則として，頭に入れておくのがよいだろう。

7
Chapter

相関と回帰

　自己肯定感が高い人は，他者肯定感も高いのかな？　友人関係を見ていると，心理的距離と自己開示には関係がありそうだな？　外交的な性格の人の方が SNS の利用時間は長いのかな？　入学試験の得点から入学後の成績を予測できるのかな？　このような 2 つの関係を調べる方法として，相関と回帰について紹介する。それぞれの統計的手法のポイントから，どのようなときに利用できるのかをイメージしよう。

1. 相関とは

　心理学では，アンケート調査や実験などで得られたデータの関係を調べるために統計的手法を使うことを学んできた。第7章では，たとえば，友人関係のアンケート調査を行い，心理的距離の得点と自己開示度についての関係や，外交的な性格の人の方がSNSの利用時間が長いのではないかなどと，アンケート調査の前に予測や仮説を立てたことを統計的に説明するための統計的手法について説明する。

　いくつかの測定値（データ・変数）が与えられたとき，ある2つの測定値の間に，何らかのつながりはないか？　関係性がないか？　と思うことはないだろうか。その何らかの関係のことを**相関関係**[1]といい，相関関係を知るということは，2つの測定値のつながりや関連を調べることである。

　2つの測定値が**量的変数**[2]であるとき，その測定値間の関係を知るために視覚的にあらわしたものが，データを点としてグラフ化した**散布図**[3]であり，計算による数値化が**相関係数**[4]となる。

　ここでは，相関を調べるための考え方と計算のポイントと注意点，統計的検定について説明する。

1-1 散布図——相関関係の視覚化

　データ間の相互の関連性を調べることを，相関を調べるといい，そのデータを座標平面上の点としてあらわしたものを，**散布図**または**相関図**[5]という。

　2つのデータ群A（＝x）とB（＝y）があり，それぞれのデータをx_i, y_i（$i=1, 2, 3, \cdots$）とするとき，データの1組ずつを1つの点とした$(A, B) = (x$座標x_i, y座標$y_i)$をプロットしたものが散布図である（図表7-1，図表7-2）。

データ群　A	x_1	x_2	x_3	$\cdots$
データ群　B	y_1	y_2	y_3	$\cdots$

図表7-1　一般化されたデータ例

　この散布図を見て，データの散らばりや直線的な傾向を視覚的に確認する。

1) correlation

2) 第2章2「変数の種類」参照。

3) scatter diagram

4) correlation coefficient

5) correlation diagram

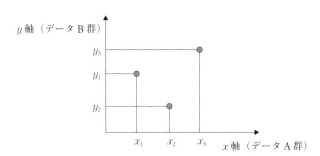

図表 7-2　一般化されたデータ例による散布図の書き方

以下の図表 7-3 は，大学生の 1 日の SNS 利用時間と自己評価のアンケートの結果をまとめている。自己評価得点が高いほど，自己評価が高いことをあらわしている。

	A	B	C
1	学生	SNS利用時間（分）	自己評価得点
2		x	y
3	A	20	40
4	B	30	45
5	C	40	36
6	D	60	42
7	E	60	33
8	F	80	40
9	G	90	25
10	H	100	37
11	I	120	35
12	J	150	24

図表 7-3　1 日の SNS 利用時間と自己評価得点

1 日の SNS 利用時間（x）と自己評価得点（y）について，2 つのデータの関係を調べてみよう[1]。図表 7-4 は Excel で作成した散布図である。プロットした点は，右下がりに分布しているようにみえる。ここから，SNS の利用時間が長い人ほど，自己評価が低い傾向があるのではないかと予想することができる。

1) Web よりデータダウンロード

自己評価得点

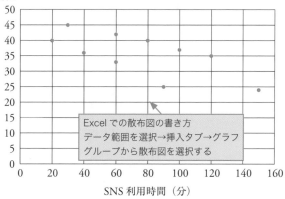

図表 7-4　1 日の SNS 利用時間と自己評価得点の散布図

1-2 相関係数の算出 —— 相関関係の数値化

　2 つの量的変数のデータ群 A（＝x）と B（＝y）のそれぞれのデータを視覚化して見えてきた関係を計算する方法のひとつとして，**ピアソンの積率相関係数** [1] がある。計算式はいろいろあるが，2 つのデータの平均からの距離をもとに算出する方法と考えるとわかりやすい。以下の手順で算出できるので，一般化された数式と図表 7-5 の例から考え方を確認しよう。以下の $\overline{x}$，$\overline{y}$ はそれぞれの変数の平均値をあらわし，$\overline{x}$ はエックスバー，$\overline{y}$ はワイバーと読む。変数の総和（合計）をあらわす $\sum$ は，シグマと読む。

1) Pearson product-moment correlation coefficient

2) 第 3 章 p.39 参照。
① 　x と y の**標準偏差** [2]（s_x　s_y）をそれぞれ算出する

$$x\text{ の標準偏差 }\quad s_x = \sqrt{\frac{1}{n}\sum_{i=1}^{n}(x_i - \overline{x})^2}$$

$$y\text{ の標準偏差 }\quad s_y = \sqrt{\frac{1}{n}\sum_{i=1}^{n}(y_i - \overline{y})^2}$$

② 　2 つのデータのばらつきを計算する＝共分散（s_{xy}）

$$\textbf{共分散}\quad s_{xy} = \frac{1}{n}\sum_{i=1}^{n}(x_i - \overline{x})(y_i - \overline{y})$$

③ 　上記の結果から，相関係数 r を算出する

3) 第 3 章 p.42 参照。
（分母は平均 0，標準偏差 1 に変換するための作業＝標準化 [3]）

$$\text{相関係数} = \frac{\text{共分散}}{(x\text{の標準偏差}) \times (y\text{の標準偏差})} = \frac{s_{xy}}{s_x s_y}$$

$$r = \frac{\dfrac{1}{n}\sum_{i=1}^{n}(x_i - \overline{x})(y_i - \overline{y})}{\sqrt{\dfrac{1}{n}\sum_{i=1}^{n}(x_i - \overline{x})^2} \times \sqrt{\dfrac{1}{n}\sum_{i=1}^{n}(y_i - \overline{y})^2}}$$

	A	B	C	D	E	F
1	学生	SNS利用時間(分)	自己評価得点	xの偏差の2乗	yの偏差の2乗	xyの偏差の積
2		x	y	$(x_i-\overline{x})^2$	$(y_i-\overline{y})^2$	$(x_i-\overline{x})(y_i-\overline{y})$
3	A	20	40	3025	18.49	-236.5
4	B	30	45	2025	86.49	-418.5
5	C	40	36	1225	0.09	-10.5
6	D			225	39.69	-94.5
7	E			225	7.29	40.5
8	F	80	40	25	18.49	21.5
9	G	90	25			
10	H	100	37			
11	I	120	35			
12	J	150	24	5625	136.89	-877.5
13		xの平均値	yの平均値	xの標準偏差	yの標準偏差	xyの偏差の積の平均 xyの共分散
14		$\overline{x}$	$\overline{y}$	$\dfrac{1}{n}\sum_{i=1}^{n}(x_i-\overline{x})$	$\dfrac{1}{n}\sum_{i=1}^{n}(y_i-\overline{y})$	$\dfrac{1}{n}\sum_{i=1}^{n}(x_i-\overline{x})(y_i-\overline{y})$
15		75	35.7	39.05	6.51	-173.5
17				相関係数		-0.682

注釈:
- xの偏差の2乗 D3 =(B3-B$15)^2
- yの偏差の2乗 E3 =(C3-C$15)^2
- xyの偏差の積 F3 =(B3-B$15)＊(C3-C$15)
- xの標準偏差 D15 =SQRT(AVERAGE(D3：D12))
- yの標準偏差 E15 =SQRT(AVERAGE(E3：E12))
- 共分散 F15 =AVERAGE(F3：F12)
- 相関係数を求める F17の数式 =F15/(D15＊E15)

$$r = \frac{\dfrac{1}{n}\sum_{i=1}^{n}(x_i - \overline{x})(y_i - \overline{y})}{\sqrt{\dfrac{1}{n}\sum_{i=1}^{n}(x_i - \overline{x})^2} \times \sqrt{\dfrac{1}{n}\sum_{i=1}^{n}(y_i - \overline{y})^2}}$$

図表7-5 SNS利用時間と自己評価得点の例における相関係数の計算手順[1]

1）Excelの計算
・2乗の計算方法
^（べき算）を半角で入れる。
（例）4の2乗の場合
=4^2
・ルートの計算
=SQRT（ルートしたい値）
（例）5をルートする場合
=SQRT(5)

　図表7-6は，Excel関数を利用して計算したものである。基本統計量として平均値と標準偏差も算出している。Excel関数では，相関係数を=CORREL(xのデータ範囲，yのデータ範囲)で算出できる。図表7-5の結果と比較してみると，一致していることがわかる。

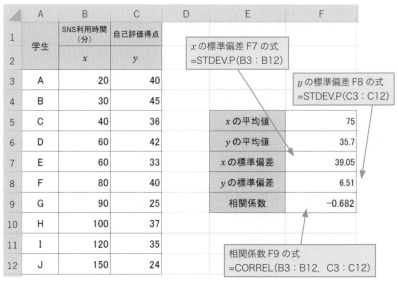

図表 7-6　Excel 関数を使った相関係数の算出

1-3 相関係数の読み取り

　相関係数（r）は，どんな単位にも対応するように標準化されているため，計算結果は $-1 \leqq r \leqq 1$ の間の数値になる。相関係数（r）が 1 に近づくほど正の相関があり，相関係数（r）が -1 に近づくほど負の相関があると読み取る。

　絶対値に基づく相関係数（r）の結果の読み方は以下のような基準が一般的である[1]。

1) 結果の読み方の基準は，データ数や研究分野によっても異なるため，利用前に確認が必要である。

$$0 \leqq |r| \leqq 0.2 \qquad ほとんど相関がない$$
$$0.2 < |r| \leqq 0.4 \qquad 弱い相関がある$$
$$0.4 < |r| \leqq 0.7 \qquad やや相関がある$$
$$0.7 < |r| \leqq 1.0 \qquad 強い相関がある$$

　また，図表 7-7 のように，正と負の相関関係は，散布図にあらわすとよくわかる。ただし，ピアソンの積率相関係数は，直線の関係を計算するだけなので，曲線の関係などをみる場合は，別の計算方法が必要になる。

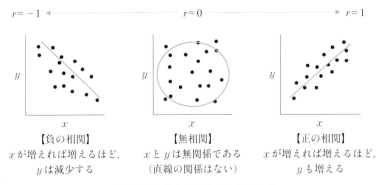

| $r=-1$ | $r=0$ | $r=1$ |

【負の相関】
x が増えれば増えるほど，
y は減少する

【無相関】
x と y は無関係である
（直線の関係はない）

【正の相関】
x が増えれば増えるほど，
y も増える

図表 7-7　散布図からみる相関関係

1-4 相関係数と無相関検定

　算出した相関係数が，母集団でも意味のある相関係数として判断してもよいかどうかの検定のことを**無相関検定**という。「母集団では相関関係がない，無相関である」という**帰無仮説**[1]を設定し，その帰無仮説が棄却されれば母集団でも相関が認められると判断し，相関係数の読み取りを行う。

　Excel で無相関検定を行うためには，相関係数を用いた検定統計量の算出をしてから，**有意確率** p 値[2]を算出する。相関係数とデータ数から検定統計量を算出しているため，データ数の違いによる影響を補正してあらわしている。検定統計量から，有意性について t 検定により判定する。p 値の読み取り方は，第 4 章で学んだ有意確率と同様に $p<0.05$ 以下となれば帰無仮説が棄却され対立仮説が採択されるので，相関あり，として相関係数から具体的に結果の読み取りへ進む[3]。以下の①から③の手順で Excel を使った無相関検定が図表 7-8 となる。

① 　CORREL 関数を使って相関係数（r）を求める

② 　相関係数（r）とサンプルサイズ（n）から，検定統計量（t 値）を求める

　　　検定統計量（t 値）$= \mathrm{ABS}(r) * \mathrm{SQRT}(n-2)/\mathrm{SQRT}(1-r^2)$

　　　　　※ r は相関係数，n はデータ数

　　　　　※ ABS 関数は，絶対値を求める関数

　　　検定統計量（t 値）　$t_0 = \dfrac{|r|\sqrt{n-2}}{\sqrt{1-r^2}}$

1）第 4 章 2「仮説の検定」
（p.74）参照。

2）有意水準：判断するための境界となる基準。
第 4 章 p.76 参照。

3）第 4 章 2-4「両側検定と片側検定」参照。

③ TDIST 関数を使って p 値を求める

$$p\ 値 = \text{TDIST}(検定統計量,\ 自由度,\ 両側検定)$$
$$= \text{TDIST}(t,\ (n-2),\ 2)$$

※ここでの自由度[1]は，$n-2$（n はデータの総数）

※片側検定の場合は 1，両側検定の場合は 2 となる[2]

1) 第 4 章 p.71 参照。

2) 第 4 章 2-4「両側検定と片側検定」参照。

	A	B	C	D	E	F
1	学生	SNS利用時間（分）	自己評価得点			
2		x	y			
3	A	20	40			
4	B	30	45		相関係数 F9 の式 =CORREL(B3：B12，C3：C12)	
5	C	40	36		x の平均値	75
6	D	60	42		y の平均値	35.7
7	E	60	33		x の標準偏差	39.05
8	F	80	40		y の標準偏差	6.51
9	G	90	25		相関係数	−0.682
10	H	100	37		検定統計量	2.639
11	I	120	35		無相関検定	0.030
12	J	150	24			

検定統計量 F10 の式
=ABS(F9)＊SQRT(10−2)/SQRT(1−F9^2)

無相関検定 F11 の式
=TDIST(F10，(10−2)，2)

図表 7-8　Excel 関数を使った無相関検定[3]

3) Excel の数値表記について。

p 値の計算結果が，○.E- ○○ のように表記されることがある。これは，指数表記のため，表示を「標準」にするとよい。
（例）　1.E-04＝0.0001

1-5 相関係数の算出と無相関検定の流れ

2 つの量的変数についての関係を調べるための流れを図表 7-9 にまとめる。データを分析するときは，明確な目的をもって，全体の流れを意識しながら進めるとよい。

図表 7-8 の結果を流れで確認しておく。

(1) 1 日の SNS 利用時間（x）と自己評価得点（y）は，量的変数である。

(2) 対立仮説は，「1 日の SNS 利用時間と自己評価得点には相関関係がある」となり，帰無仮説は，「1 日の SNS 利用時間と自己評価得点には相関関係がない（無相関である）」となる。

(3) 図表 7-4 の散布図の作成と，図表 7-8 のように相関係数，検定統計量（t 値），無相関検定（p 値）を算出する。

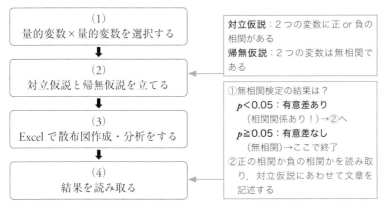

図表 7-9　相関係数の算出と無相関検定の流れ

（4）　無相関検定の結果，有意確率が $p = 0.030$ で $p < 0.05$ のため有意差
があり，無相関でないことが証明されたため，帰無仮説を棄却し，対
立仮説を採択する。相関係数を見てみると，$r = -0.682$ であり，1日
の SNS 利用時間と自己評価得点にはやや強い負の相関があることが
明らかになった。このことから，1日の SNS 利用時間が長い人ほど，
自己評価得点が低い傾向があるといえる。

1-6　順位相関係数

　ピアソンの積率相関係数は，データの尺度水準が間隔尺度と比率尺度
に適用できるが，順序尺度の場合には，順位相関係数が適用できる。デー
タが間隔尺度や比率尺度の場合も，順位に置き換えれば算出できる。代
表的なものに，**スピアマンの順位相関係数**[1] と**ケンドールの順位相関係
数**[2]があるが，ここではスピアマンの順位相関係数について説明する。

　スピアマンの順位相関係数は，順位データを扱う場合や2つの変数
間に曲線的な関係が想定される場合に用いる。正規分布を仮定しなくて

1) Spearman's rank
correlation coefficient
2) Kendall's rank
correlation coefficient

コラム12　　**相関係数の大きさの目安**

　本書では，相関係数の大きさの目安にかんして示した。これらの値は，入門的な統計学のテキス
トなどでもしばしば記載されている（たとえば，岡太・都築・山口 1995, p.118）。ただし，データ
の種類によって，求められる相関係数の値がかなり変わってくることには注意をしてもらいたい。
経験的には，地域や国レベルで集計したデータに比べて，個人が回答するデータのほうが，相関係
数の絶対値は小さめの値となりやすい。さらに個人が回答するデータのなかでも，心理学的な実験
データよりも，一般市民を対象とした社会調査データのほうが，相関係数の絶対値は小さめの値と
なる傾向にある。ゆえに，相関係数の大きさの目安を絶対視することなく，扱っているデータや分
野の事情に応じて，柔軟に解釈するようにしてほしい。

もよいノンパラメトリックなデータに使用できるのが特徴である[1]。ピアソンの積率相関係数と同様に，−1から1の値で算出される。相関係数の絶対値も同様に解釈する。スピアマンの順位相関係数は以下の数式で求められる。Rx_i と Ry_i は，変数 x の i 番目の順位と変数 y の i 番目の順位をあらわし，ピアソンの積率相関係数がデータと平均の差から算出されているのに対し，スピアマンの順位相関係数は，順位の差から算出されている。なお，この数式は，同順位がない場合の計算式であり，同順位がある場合には，同順位の組の数を考慮した数式になる。

$$r_S = 1 - \frac{6\sum_{i=1}^{n}(Rx_i - Ry_i)^2}{n(n^2 - 1)}$$

　なお，外れ値[2]がある場合も，順位データに変換することで順位相関係数を算出することができるが，順位相関係数は，順位データを扱うため，各変数間がどれだけ離れているかなどの詳細な結果は反映できない。図表7-10 に，相関係数の種類と尺度水準の関係についてまとめている。尺度水準とデータの性質，および散布図で視覚的に確認して選択しよう。

相関係数	種類	尺度水準	ポイント
積率相関変数	ピアソン	間隔尺度 比率尺度	パラメトリック データの正規分布を仮定
順位相関係数	スピアマン ケンドール	順序尺度	ノンパラメトリック データの正規分布を仮定しなくてもよい

図表 7-10　相関係数の分類

1-7 相関係数を用いるときの注意

　相関係数を用いる場合，以下のことに注意しながら適切な分析を進めよう。

(1) 相関関係は因果関係ではない

　相関関係は，あくまでも，変数Aと変数Bに関係があることをあらわしており，原因と結果のような因果関係をあらわしてはいない。たとえば，あるコンビニで，アイスクリームの売上（x）とビールの売上（y）について相関を調べたところ，強い正の相関が確認できた。では，アイスクリームの広告を増やしたら，ビールの売上が増えるか，と考えてみると因果関係ではないことがわかる。または，数学の得点（x）と理科

の得点（y）に正の相関がある場合も，数学の勉強だけすれば理科の得点もアップするかといえばそうでないことがわかるだろう。相関係数を算出して分析結果をまとめる場合は，因果関係を推測しないように注意しよう。

（2）疑似相関の可能性を検討する

　2つの変数間の相関係数が，第3の変数の影響によって大きくなることがある。これを疑似相関（見せかけ上の相関，見せかけの相関）という。たとえば，先ほどのコンビニのアイスクリームの売上とビールの売上の強い正の相関についても，第3の変数として気温が影響しているのではないか，と予測することができる。または，ある小学校の子どもたちの身長と体重の相関を調べると強い正の相関になる。この例では，年齢という第3の変数の影響があるのではないかと予測することができる。このような場合には，第3の変数の影響を除いた相関係数である偏相関係数を算出するとよい。偏相関係数を算出すると，第3の変数の影響が取り除かれ，相関係数はやや低くなる。身長 x，体重 y，年齢 z として以下の数式からイメージしてみよう。

$$r_{xy \cdot z} = \frac{r_{xy} - r_{xz} \times r_{yz}}{\sqrt{1 - r_{xz}^{~2}} \times \sqrt{1 - r_{yz}^{~2}}}$$

（3）外れ値の影響を確認する

　ピアソンの積率相関係数を計算する場合，データと平均の距離から算出していたことから考えるとよい。1つの外れ値の影響によって，相関係数が極端に小さくなったり，大きくなったりする。この場合，散布図で確認するとよい。データクリーニング[1]をして，誤記の場合はデータを修正したり，異常値の場合はデータから欠損値として削除してから計算をする。ただし，データから削除する場合は，作為的にならないように，データの内容をよく確認してから削除しなければならない。また，外れ値ではあるが，データの内容的に削除したくない場合は，順序尺度に変換し，順位相関係数を算出してもよい。

1）分析を始める前に，誤記や異常値，外れ値などのデータをチェックする作業のことをデータクリーニングという。

（4）データの分布を確認する

　データのグループの特性として，たとえば性別や成績の高群と低群とで，相関の正と負が異なる場合，全体の相関係数を算出すると無相関に近づく可能性がある。このような場合は，群（グループ）ごとの相関を算出する方法もあり，分割相関もしくは層別相関という。分析をする前

に，基本統計量やグラフからデータの分布の確認をしてから分析を進める。

(5) 無相関検定の結果は相関の強さではない

無相関検定は，「無相関であるかどうか」を検定しているため，p 値が $p<0.001$ であっても，相関関係の強さをあらわしているわけではない。またデータ数が多いほど，相関係数の値が小さくても無相関検定の結果として $p<0.001$ となる傾向にある。無相関検定の結果は，「無相関ではない」ということの判定として理解し，そのあとは，相関係数の数値から正負の方向と相関の強さを読み取る。

2. 回帰とは

相関では，2つの測定値が量的変数であるときに，その測定値間の関係を調べる方法として説明した。それに対して，回帰では，2つの量的変数に因果関係を想定する場合に利用する方法として説明する。たとえば，自己肯定感と抑うつ度の関係や，入学試験の得点から入学後の成績を予測できるか，ある反応時間を計測する実験の練習時間から反応時間を予測できるかについて分析する統計的手法について説明する。

2つの量的変数の関係において，1つの量的変数（独立変数 [1]x）がもうひとつの量的変数（従属変数 [2]y）に影響を与えて数値が変化すると考えるとき，回帰分析を利用することができる。相関は相互の関係を調べるためのものであり，回帰は独立変数の従属変数に対する影響を調べて従属変数を予測するためのものである。図表 7-11 のように，1つの独立変数から従属変数を予測する場合を**単回帰分析**といい，複数の独立変数から従属変数を予測する場合を**重回帰分析**という。ここでは，単回帰分析の考え方と手順について説明する。

1) 独立変数を「説明変数」ともいう。

2) 従属変数を「目的変数」ともいう。

図表 7-11　相関と回帰における変数の関係性

2-1 回帰直線

回帰分析とは，要因となる数値とその影響を受けて結果となる数値の

関係を調べて，直線の形で明らかにする分析手法である。**独立変数**[1]（「原因変数」）x は求めたい要素に影響を与えている要素であり，**従属変数**[2]（「応答変数」）$\hat{y}$ は求めたい要素である。この変数 x と変数 y の関係を直線であらわす式 **$\hat{y}=ax+b$** を**回帰式**[3]といい，回帰分析とは回帰式に原因となる値（x）を代入して結果を予測するための回帰直線の式を求める手法である。独立変数が1つの場合，単回帰式という。$\hat{y}$（ワイハットと読む）は予測値，a は回帰式の傾きのことで**回帰係数**[4]といい，b は切片[5]（定数項）をあらわす。

1）independent variable

2）dependent variable

3）回帰式にはほかにもいろいろな数式がある。
・$\hat{y}_i = \alpha + \beta x_i$
・$\hat{y} = \hat{\alpha} + \hat{\beta} x$
・$y = ax + b + e$

4）regression coefficient

5）intercept

$$\hat{y} = ax + b$$

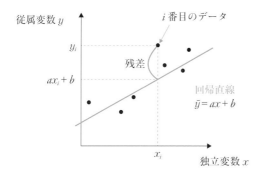

図表 7-12　回帰直線の考え方

　回帰係数を決めるために，一般的には**最小二乗法**[6]が用いられる。最小二乗法は，観測値と予測値の差である予測残差が最も小さくなるようにするため，残差の2乗の和（残差平方和）を最小にする方法で計算する。この残差の距離を一辺とした正方形の面積の総和が最小になるような直線が回帰直線となる。回帰係数を求める式は，以下のようになる[7]。

6）ordinary least squares method

7）$\sum$ の添え字の省略。
特に断りがない限り，$i=1$ から n までの和という意味で使用する。

$$\sum_{i=1}^{n} x_i = \sum x_i$$

$$回帰係数 = \frac{共分散}{x の分散}$$

$$a = \frac{\sum(x-\overline{x})(y-\overline{y})}{\sum(x-\overline{x})^2}$$

切片 b は，直線の傾きである回帰係数 a を算出した後，独立変数 x の

平均値 $\bar{x}$ と従属変数 y の平均値 $\bar{y}$ を用いて，以下の数式から算出される。

$$b = \bar{y} - a\bar{x}$$

2-2 残差

　残差[1]とは，実測値である従属変数 y と回帰式で得られる予測値の差である[2]。残差の総和は 0 となる。残差 e_i は，実際の従属変数 y_i と実際の独立変数 x_i を回帰式に代入して得られた $\hat{y}$（予測値）との差であり，以下のような式になる。

$$残差 = 実際の従属変数 y - 予測値$$
$$e_i = y_i - \hat{y}$$

　回帰式のデータとのあてはまりの良さを評価する方法として，残差のばらつきを見る残差分析という方法がある。残差と予測値の散布図のことを残差プロットといい，このグラフから外れ値や回帰式の問題（曲線の関係など）を見つけることができる。

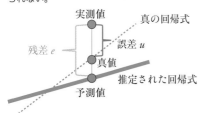

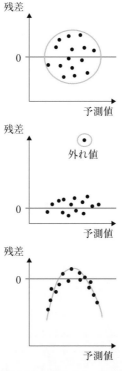

図表7-13　残差プロットの例

図表 7-13 の上図のように，回帰式がデータに対して妥当であると，各データの残差は y 軸の原点付近に適当にばらつく。中央図は外れ値がある場合，下図は曲線の関係がある場合をあらわしている。残差プロットの作図は，Excel のアドイン設定で分析ツールを追加すると簡単に作成することができる[1]。

1) 分析ツールを追加する方法：［ファイル］タブ→［オプション］→左側の［アドイン］から「分析ツール」を選択すればよい。

2) coefficient of determination

2-3 決定係数

　決定係数は回帰式のあてはまりの良さを統計的に判断するための指標で，寄与率と呼ばれることもある。**決定係数**[2]R^2 は，$0 \leqq R^2 \leqq 1$ で算出され，回帰直線にデータが完全に一致している場合は $R^2 = 1$ となる。1 に近いほど，回帰式のあてはまりの良さ，回帰式の精度の良さを意味する。単回帰式の場合，決定係数は従属変数 y と独立変数 x のピアソンの積率相関係数 r の 2 乗に一致する。

　決定係数は，回帰式が残差平方和を最小とする係数を求めているため，決定係数は，回帰直線の従属変数 y の残差のばらつき（残差平方和）と実測値である従属変数 y のデータ全体のばらつき（従属変数の全体平方和）の比を 1 から引いた値で算出される。決定係数 R^2 は以下の式で定義される。

$$\text{決定係数} = 1 - \frac{\text{残差平方和}}{\text{従属変数の全体平方和}}$$

$$R^2 = 1 - \frac{\sum (y_i - \hat{y})^2}{\sum (y_i - \overline{y})^2}$$

　決定係数の評価として統計学的な基準はないが，$R^2 \geqq 0.5$ であれば推定された回帰式の精度がある程度高いと判断されることが多い。分野によっても異なるので，先行研究などを確認しよう。

2-4 回帰直線の算出

　一般化された数式を具体例にあてはめて考えてみよう。モニターに表示されている色彩とは異なる色彩名称をあらわす単語を，表示される順番に 1 分間読み上げてもらう選択性注意のテストの練習回数（独立変数 x）と正答数（従属変数 y）について回帰式を計算してみよう[3]。回帰分析も相関と同じように，データのばらつきを基にして計算されている。上記の数式の意味を考えながら，以下の図表 7-14 を見てみよう。

3) Web よりデータダウンロード

jikkyo contents

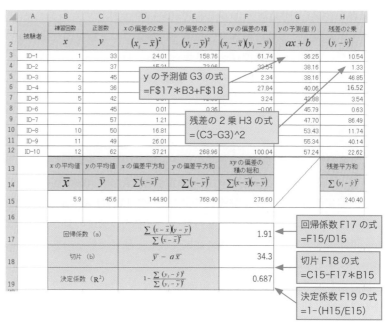

図表 7-14　練習回数と正答数の例における回帰分析の計算手順

　計算手順の考え方を理解できたら，Excel 関数で算出した結果を確認してみよう。図表 7-15 は，Excel 関数を利用して，回帰係数，切片，決定係数を計算したものである。図表 7-14 で算出されている計算手順の結果と比較してみよう。

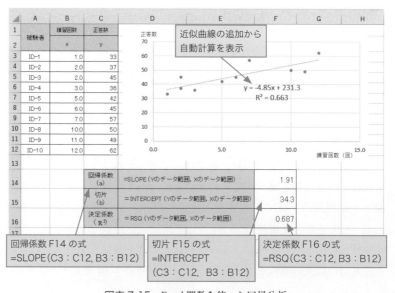

図表 7-15　Excel 関数を使った回帰分析

2-5 回帰係数の検定

　算出した回帰係数と回帰式が独立変数 x と従属変数 y の関係を説明できているかどうかを判断するために検定を行うことができる。この検定では，帰無仮説は「回帰係数＝0」となり，対立仮説は，「回帰係数 $\neq 0$」となる。回帰係数が 0 ということは，独立変数がどのような値でも，従属変数にはまったく影響がないということを意味している。帰無仮説が棄却されると，独立変数と従属変数から算出された回帰式には意味があるという結果になり，変数に基づいた具体的な読み取りに進む。

　Excel で回帰係数の検定を行う場合は，図表 7-14 で算出した x の偏差平方和，残差平方和を利用して算出した回帰係数の標準誤差[1]と回帰係数を使って検定統計量（t 値）を算出する。その後，有意確率 p 値を算出する手順となる。p 値の読み取り方は，第 4 章で学んだ有意確率と同様に $p < 0.05$ 以下となれば，帰無仮説が棄却され，対立仮説が採択される。以下の①から④の手順で Excel を使った回帰係数の検定が図表 7-16 となる。

① 　自由度を求める
　　　自由度＝データの個数 − 推定する母数の数[2]

② 　回帰係数の標準誤差を求める
　　　回帰係数の標準誤差
　　　　＝（残差平方和÷自由度÷独立変数の偏差平方和）の平方根

③ 　検定統計量（t 値）を求める
　　　t 値＝回帰係数÷回帰係数の標準誤差

④ 　TDIST 関数を使って p 値を求める
　　　p 値＝TDIST（検定統計量，自由度，両側検定）
　　　　　＝TDIST（t 値，自由度，2）
　　　　　　※片側検定の場合は 1，両側検定の場合は 2 となる[3]。

1) 第 4 章 1-5「標準誤差」参照。

2) ここでは母数（パラメータ）として，切片 1 つと傾き 1 つで合計 2 つの母数を指定している。図表 7-16 の F20 のセル参照。回帰分析では，切片を含めないモデルや，回帰係数を 0 に固定したモデルを扱うこともあるため，母数の数は変動する。第 4 章 1-3「母数と統計量」参照。

3) 第 4 章 2-4「両側検定と片側検定」参照。

	被験者	練習回数 x	正答数 y	xの偏差の2乗 $(x_i-\bar{x})^2$	yの偏差の2乗 $(y_i-\bar{y})^2$	xyの偏差の積 $(x_i-\bar{x})(y_i-\bar{y})$	yの予測値($\hat{y}$) $ax+b$	残差の2乗 $(y_i-\hat{y})^2$
3	ID-1	1	33	24.01	158.76	61.74	36.25	10.54
4	ID-2	2	37	15.21	73.96	33.54	38.16	1.33
5	ID-3	2	45	15.21	0.36	2.34	38.16	46.85
6	ID-4	3	36	8.41	92.16	27.84	40.06	16.52
7	ID-5	5	42	0.81	12.96	3.24	43.88	3.54
8	ID-6	6	45	0.01	0.36	-0.06	45.79	0.63
9	ID-7	7	57	1.21	129.96	12.54	47.70	86.49
10	ID-8	10	50	16.81	19.36	18.04	53.43	11.74
11	ID-9	11	49	26.01	11.56	17.34	55.34	40.14
12	ID-10	12	62	37.21	268.96	100.04	57.24	22.62

	xの平均値 $\bar{x}$	yの平均値 $\bar{y}$	xの偏差平方和 $\sum(x-\bar{x})^2$	yの偏差平方和 $\sum(y-\bar{y})^2$	xyの偏差の積の総和 $\sum(x-\bar{x})(y-\bar{y})$		残差平方和 $\sum(y_i-\hat{y})^2$
15	5.9	45.6	144.90	768.40	276.60		240.40

17	回帰係数（a）	$\dfrac{\sum(x-\bar{x})(y-\bar{y})}{\sum(x-\bar{x})^2}$	1.91
18	切片（b）	$\bar{y}-a\bar{x}$	34.3
19	決定係数（R^2）	$1-\dfrac{\sum(y_i-\hat{y})^2}{\sum(y_i-\bar{y})^2}$	0.687
20	自由度	=データの個数−推定する母数の数	8
21	回帰係数の標準誤差	=(残差平方和 ÷ 自由度 ÷ 独立変数の偏差平方和)の平方根	0.455
22	検定統計量(t値)	=回帰係数÷回帰係数の標準誤差	4.192
23	回帰分析の検定(p値)	=TDIST(t値,自由度,両側検定)	0.0030

自由度 F20 の式 =10-2

標準誤差 F21 の式 =SQRT(H15/F20/D15)

検定統計量 F22 の式 =F17/F21

回帰分析の検定 F23 の式 =TDIST(F22, F20, 2)

図表 7-16　Excel 関数を使った回帰係数の検定

2-6 回帰分析の流れ

　2 つの量的変数について，影響を与える独立変数とその結果として考えられる従属変数との関係を調べるための流れを図表 7-17 にまとめる。どのような目的で分析を進めるのか，結果としてどのようにデータについて活用するのかも考えながら，全体の流れをイメージして進める。

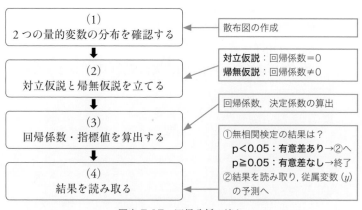

図表 7-17　回帰分析の流れ

図表 7-17 の回帰分析の流れで，Excel 関数を利用した回帰式の算出結果が図表 7-15，検定結果が図表 7-16 である。Excel で散布図を作成した後，プロットした点をクリックし，その上で右クリックするとショートカットメニューが出るので，「近似曲線の追加」を選択する。「線形近似」を選択し，「グラフに数式を表示する」と「グラフに R−2 乗値を表示する」にチェックをいれると，図表 7-15 の散布図のように回帰直線と回帰式，決定係数が自動表示される。Excel 関数で計算を実施して，数値を確認する。

　決定係数と残差プロットから，推定した回帰式の精度を確認したあと，回帰式を用いた予測に進む。回帰式に独立変数 x を代入することで，従属変数 y を予測することができる。たとえば，従属変数を「正答数」，独立変数を「練習回数」として回帰分析を実施した場合，求めた回帰式に「練習回数」を代入することで「正答数」を予測することができる。

2-7 回帰分析を用いるときの注意

　回帰分析を用いる場合，以下のことに注意しながら適切な分析を進めよう。

（1）外れ値の影響を確認する

　ピアソンの積率相関係数と同じように，回帰分析もデータと平均との距離から算出しているため，外れ値の影響が大きくなる。データクリーニングして，誤記の場合はデータを修正したり，異常値の場合はデータから欠損値として削除してから計算をする。理由のある外れ値を具体例でイメージしてみよう。以下の図表 7-18 は，最高気温（独立変数）とプールの来場者数（従属変数）についてのデータである。散布図を見ると，入場者数の外れ値がある。データについて確認したところ，外れ値の該当日は入場料の半額デーであることがわかった。この場合，最高気温以外の特別な要素が影響していると考え，この日のデータを削除して再計算することにした。この外れ値を削除することで，決定係数 R^2 は，外れ値を含むと 0.3627 であったのが，削除後は 0.6627 になった。このように，外れ値がある場合は，データクリーニングとともに，データの状況を確認する。

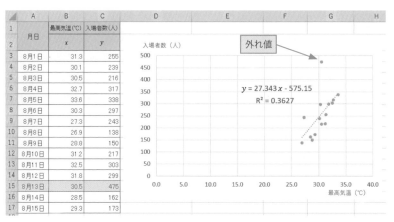

図表 7-18　外れ値を含む回帰分析の例

（2）2 変数間の関係が直線的であることを確認する

回帰分析では，最小二乗法を用いて直線的な回帰式を求めるため，2 変数間の関係が直線的でないと正しい結果が算出されない。数値的には算出されてしまうので，残差プロットを確認し，二次関数の曲線の関係になっていないかどうかを確認しよう。

（3）グループごとの特徴が影響しないかを確認する

グループによって，明確な特徴がある場合，一部のグループのデータのみを用いて回帰分析を行うと，全体のデータを用いて回帰分析を行った結果と異なる結果が算出されることがある。たとえば，性差による違いや平日と休日によってデータの特徴が大きく変わる場合などをイメージするとよい。グループ間でデータのばらつきに特徴はないかなど，データの基本統計量などを確認してから分析を進めよう。

（4）範囲外のデータを予測しない

回帰分析では，観測されたデータを基にして回帰直線を作成する。そのため，観測したデータの範囲外の値を代入した場合，予測と大きく異なる結果となる場合がある。たとえば，最高気温とプールの入場者数の例で考えると氷点下の気温を代入しても意味のある予測値とはならない。予測したいデータに合わせて，必要なデータの収集を行おう。

（5）仮説に基づいたデータ収集と分析を行う

回帰分析は，影響を与える独立変数 x とその結果として予測される従属変数 y との関係を調べるものであるので，2 つの量的変数を選ぶと

きには，意味のない組み合わせ，または無理のある組み合わせにならないようにしなければならない。実験データや質問紙調査のデータを利用する場合，分析結果を使ってどのように次の分析や考察につなげるのかをイメージしながら進めよう。たとえば，自己肯定感と充実感との関係，対人距離と自己開示との関係なども予測できそうである。

　また，回帰分析はビジネスやマーケティングでも有効な手段として活用されている。たとえば，ある商品の月ごとの宣伝費用（独立変数）と商品の1か月ごとの売上金額（従属変数）について回帰分析を行い，どのくらい宣伝費用を増やすとどのくらい売上金額が増えるかを予測して販売戦略に活かしたり，最高気温（独立変数）とプールの来場者数（従属変数）から，天気予報の最高気温から来場者数を予測して，スタッフの数や飲食物の発注などに活用することができるだろう。

　統計はあくまでも手段であるので，どのようなことを知りたいので，どの分析手法を選択すればよいのかというように，目的意識をもって知識を活用するようにしよう。

8

Chapter

質的データの解析

　これまでの第5章から7章では，2つの変数が関係しているかを明らかにする際の分析方法が紹介されてきた。それらの分析では，過剰適応得点，充実感，部屋の賃料といった連続量をとる変数（量的変数）に関心がある。

　しかし時には連続量では表せない変数（質的変数，たとえば性別・血液型・うつ状態か否かなど）の分布を確認し，変数間の関係を知りたい場面に出くわす。そうしたときに活躍するのがクロス表やカイ二乗検定といった分析方法である。本章では，2つの質的変数の連関のとらえ方と具体的な計算方法，Excel での算出方法について説明する。

1. クロス集計表

うつ病チェックのために簡易うつ症状尺度（QIDS-J）が用いられることがある。この尺度は16項目からなり，4つの選択肢が設定されている。最低0点から最高27点をとり，6点以上だとうつ病の可能性があると判断できる尺度である。ストレス社会と言われる現代を生きていくなかで，自身や周囲の人にとっても，うつ病のリスクが高い人はどのような属性をもっているのか知っておくことは意味のあることだ。

ある特定の属性によってうつ状態の分布が異なるのか調べたいときに，一体どのような変数やデータ分析を使ったらよいだろう。ここでは属性の1つとして「性別」をとりあげ，本章を通じて「性別によってうつ状態の人の割合が異なるか」という例に沿って，分析方法を学んでいこう。

1) 第3章5「データの表現」

第3章では，質的変数の場合も度数分布を用いた[1]。本章において，2つの質的変数の関連をみるために，以下のように度数分布表を別々に眺めたのでは何もわからない。

	度数	相対度数
うつ状態	50	0.25
うつではない	150	0.75
計	200	1

図表 8-1　性別の度数分布

	度数	相対度数
男性	100	0.5
女性	100	0.5
計	200	1

図表 8-2　うつの度数分布（データは架空例）

2) cross table または contingency table

1-1 クロス集計表（クロス表）[2]
—— 2つの質的変数の分布を同時に1つの表で示したもの

	うつ状態	うつではない	計
男性	40	60	100
女性	10	90	100
計	50	150	200

図表 8-3　性別とうつ傾向のクロス表

図表8-3のようにまとめると，男性でうつ状態の人は40人，女性でうつ状態の人は10人というように，すべてのカテゴリーの，それぞれの組み合わせにあてはまる人の度数がわかる。

ここでは性別とうつ状態はそれぞれ 2 カテゴリー（性別：男女，う
つ状態か否か）ずつなので「2×2 のクロス表」となる。

1-2 クロス表の要素

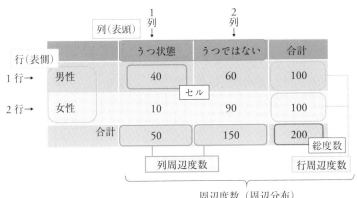

・観測度数
　実際のデータから得られた度数を観測度数という。1 行 1 列目のセル
に入る 40 という観測度数は「男性でうつ状態」である人数を示す。

・セル[1]：度数が書かれている枠のひとつひとつのことを指す。
　1 行 1 列目のセルは「男性でうつ状態」に該当する（度数は 40）。
　2×2 のクロス表の場合は 2×2＝4 つのセルがあり，2×3 のクロス表
の場合は 6 つのセルがある。

・周辺度数[2]：同じ変数ごとに集計したもの。
　行の性別ごとに足したものは「行周辺度数」，
　列のうつ状態ごとに足したものは「列周辺度数」[3]，
　全体を足し合わせたものは「総度数」である。

2) marginal frequency
3) 行と列の見分け方

上に示したように行と列の漢
字をもとにすると覚えやす
い。
「行」は横方向，「列」は縦方
向を表す。

・表側，表頭（説明変数と被説明変数）
　表側には説明変数，表頭には被説明変数を配置するのが慣習である。
今回は，説明変数が性別，被説明変数がうつ傾向となる。ただし，紙面
の制限などにより，必ずしもこの慣習に則る必要はない。

1-3 3つの比率

さて，図表 8-3 のようなクロス表を作成したのちに，男女でうつ傾向に差があるのかどうか比較したい。クロス表を読み取り，「男性は 40 人，女性は 10 人だから男性の方がうつになりやすい」と人数差に基づいて判断してもよいだろうか。答えは No である。

その理由は，人数差が傾向の違いを示すとは限らないからだ。図表 8-3 では男女とも 100 人ずつデータが集まっているために，単純に人数を比較してもかまわない。しかし女性だけ 900 人のデータを追加して 1000 人のデータに変わった場合（図表 8-4）を想定してみると，「うつ状態なのは男性 40 人女性 100 人で女性の方が多い」というように変化してしまう。

	うつ状態	うつではない	計
男性	40	60	100
女性	100	900	1000
	140	960	1100

図表 8-4　性別とうつ傾向のクロス表

行周辺度数が大きく異なる場合でも比較できるように工夫する方法が**「比率」に変換すること**である。男性と女性それぞれの全体の中でうつ状態なのは何割なのか，その割合が男女で異なるのか，比較することになる。

（1）行パーセント

説明変数の値について，被説明変数の分布がどう変化するかとらえることができる。各セルの度数を行周辺度数で割った値。

例：男性のうち，うつ状態の人は何％いるのか？

	うつ状態	うつではない	計
男性	40÷100 = 40%	60÷100 = 60%	100%
女性	10%	90%	100%
	25%	75%	100%

1) 図表 8-4 から算出。

図表 8-5　性別とうつ傾向のクロス表（行パーセント）[1]

（2）列パーセント

被説明変数のカテゴリーごとに説明変数の割合がわかる。各セルの度

数を列周辺度数で割った値。

例：うつ状態の人のうち，男性は何％いるのか？

	うつ状態	うつではない	計
男性	40÷50 = 80%	60÷150 = 40%	100÷200 = 50%
女性	20%	60%	50%
	100%	100%	100%

図表8-6　性別とうつ傾向のクロス表（列パーセント）[1]

1）図表8-6, 7, 8は図表8-3からの算出。

（3）セルパーセント

　全体のうち，各セルの度数（＝2つの変数のどの組み合わせ）が何％なのかがわかる。比率の比較には適していない。

例：全体のうち，女性のうつ患者が何％いるのか？

	うつ状態	うつではない	計
男性	40÷200 = 20%	60÷200 = 30%	100÷200 = 50%
女性	5%	45%	50%
	25%	75%	100%

図表8-7　性別とうつ傾向のクロス表（セルパーセント）

（4）標準的なクロス表の形式[2]

　図表8-8が標準的なクロス表である。欠かせない要素は，カテゴリ名・度数・行パーセントである。

2）クロス表の表し方として，①度数のみ表示　②％のみ（総度数が付記）表示されているケースもある。2-2で行う統計的検定をする場合は，本章で標準的と示した度数＋％と①が適している。②は統計的検定はせずに，傾向をみるときに適している。

	うつ状態	うつではない	計
男性	40（40%）	60（60%）	100（100%）
女性	10（10%）	90（90%）	100（100%）
計	50（25%）	150（75%）	200（100%）

図表8-8　性別とうつ傾向のクロス表　※括弧内は行パーセント

1-4　クロス表の読み取り

　「性別によってうつ状態の人の割合が異なるか」ということを図表8-8から読み取る。**比較するときは度数を比較せず行パーセントを比較する。**男女の行パーセントを確認すると，うつ状態である人の割合は，男性40％女性10％であり男性のほうが高いことがわかる。一方，「うつではない」人の割合は，男性よりも女性のほうで割合が高い。このこ

とから，男性は女性よりもうつ状態の人が多いといえそうである。

　割合の差を表現したいときに注意しなければならないのが，**単位**である。男性の中でうつ状態なのは 40％，女性でうつ状態なのは 10％であることから，「男性は女性に比べてうつ状態である割合が 30％多い」とあらわしたくなるが，この表現は誤りである [1]。40％は男性全体の中のうつ状態の人の割合であり，10％は女性全体の中のうつ状態の割合であり，「全体」が異なっている。

　割合の差を示したいときは**ポイント** [2] という単位を用いる。今回の場合は「男性は女性に比べてうつ状態である割合が 30 ポイント多い」と記述する。

1-5 クロス表の作り方（手計算）

　クロス表は 2 つの質的変数の分布を 1 つに集計したものだが，図表 1-1 で示した 2 つの度数分布表からクロス表を作ることはできない。必要なのは，図表 8-9 のような個人ごとに性別とうつ状態がわかるデータである。

ID	性別	うつ傾向	ID	性別	うつ傾向
1	男性	うつではない	11	女性	うつ状態
2	女性	うつではない	12	男性	うつではない
3	男性	うつ状態	13	男性	うつではない
4	女性	うつではない	14	男性	うつではない
5	女性	うつではない	15	女性	うつではない
6	女性	うつではない	16	女性	うつではない
7	男性	うつではない	17	男性	うつではない
8	男性	うつ状態	18	女性	うつではない
9	男性	うつ状態	19	男性	うつ状態
10	女性	うつではない	20	女性	うつではない

図表 8-9　20 人分のデータ

　図表 8-9 は 20 人分のデータである。これを例に，クロス表の作り方の手順を説明していく。

① 　男性かつうつ状態の人数，男性かつうつではない人の人数，女性かつうつ状態の人数，女性かつうつではない人の人数をそれぞれ数え上げる。

② 　表側と表頭に変数をとり，度数を入れる（慣習的に説明変数を表側に配置）。

③ 　周辺度数を計算する。

1)「○％違う」と表記してしまうと，差なのか比なのか不明瞭になってしまう。

2) ポイントはパーセンテージポイントともいう

④ 相対度数を計算する。基本は説明変数のカテゴリ別に被説明変数の度数の比率（行パーセント）を算出する。ここでは女性10人のうち、うつ状態が1人なので、$1 \div 10 = 0.10 \rightarrow 10\%$である。

⑤ 表にタイトルをつける。

	うつ状態	うつではない	計
男性	4（40%）	6（60%）	10（100%）
女性	1（10%）	9（90%）	10（100%）
計	5（25%）	15（75%）	20（100%）

図表8-10　性別とうつ傾向のクロス表　（行パーセント）

1-6 Excel でのクロス集計表の作成方法

図表8-9の20人などのように、使用するデータの総度数が少ない場合は手計算でも作成することが可能だが、1000人や2000人のデータの場合は、手作業で数え上げるのは非常に面倒である。そういう場合はExcelの**ピボットテーブル機能**[1]を使う。

1）データのサンプル動作のリンク Excel

jikkyo contents

図表8-11

① 使用するデータをすべて選択し、「挿入」→「ピボットテーブル」をクリックする。

② 選択したデータのそばの任意のセルを選択してOKする。

③ ピボットテーブルが作成される。画面右の「ピボットテーブルのフィールド」の「行」の欄に「性別」を、「列」と「値」の欄に「うつ状態」をドラッグする。→各セルの度数が出力される[2]。

2）もし度数が表示されない場合は、「値」欄の「うつ状態」の∨から「値フィールドの設定」を選択し、「集計方法」を「個数」に変更する。

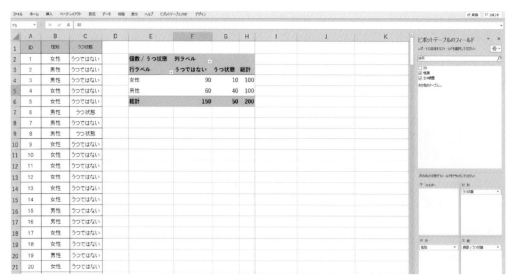

図表 8-12

④ 次に相対度数を出力するために，もう一度「値」の欄に「うつ状態」をドラッグする。追加された「個数／うつ状態」を右クリックし，「フィールドの設定」を選択する。

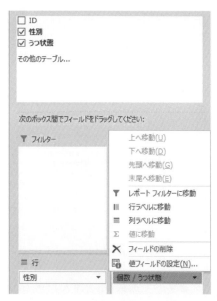

図表 8-13

⑤ ウィンドウの中央部の「計算の種類」を選択し，選択肢から「行集計に対する比率」を選択し OK する。

図表 8-14

⑥　度数と相対度数が表示されたクロス表が完成する[1]。

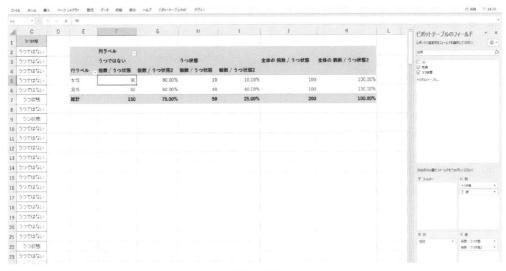

図表 8-15

1-7　グラフでの示し方

　表は度数と行パーセントが表示されているため情報量が豊富である。しかし，カテゴリ数が増えた場合には見にくくなることもある。そういった場合に，視覚的にとらえやすい棒グラフ，帯グラフ，円グラフを使うことがある。ここでは，割合をとらえやすい帯グラフの作成方法を説明する。

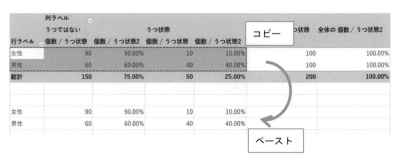

	列ラベル						うつ状態	全体の 個数 / うつ状態2
	うつではない			うつ状態			コピー	
行ラベル	個数 / うつ状態	個数 / うつ状態2	個数 / うつ状態	個数 / うつ状態2				
女性	90	90.00%	10	10.00%			100	100.00%
男性	60	60.00%	40	40.00%			100	100.00%
総計	150	75.00%	50	25.00%			200	100.00%
女性	90	90.00%	10	10.00%				
男性	60	60.00%	40	40.00%		ペースト		

図表 8-16

ピボットテーブル表からグラフを作成する場合は，いったん数値を別のセルにコピー＆ペーストしてから，グラフを作成する。データを選択し[1]，「挿入」→「グラフ」からグラフを選ぶ。

1) shift を押して，表側＋行パーセントのデータのみを選択する。

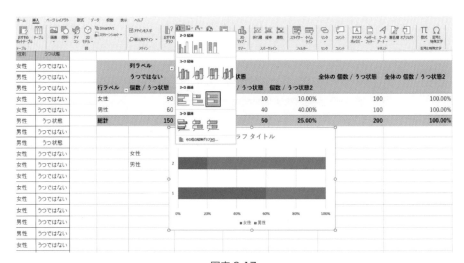

図表 8-17

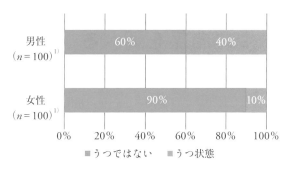

1）行パーセントのみを示したグラフでは度数がわからないので，性別の下に度数を示すとよい。

図表 8-18　性別とうつ傾向のグラフ

1-8 2×2 より大きいクロス表（2×3，4×4 など）

　各カテゴリーの数が 2 以上になったとしても，クロス表の作成や計算方法は同じである。ただし，カテゴリー数が 10 以上など多すぎる場合は，クロス表が大きくなり，2 変数間の関連をとらえにくいため，適切にカテゴリーをまとめられる場合は，まとめて作成することが望ましい。

	吸わない	1－20 本	20 本以上	計
男性	120 （60.0%）	70 （35.0%）	10 （5.0%）	200 （100.0%）
女性	205 （82.0%）	40 （16.0%）	5 （2.0%）	250 （100.0%）
計	325 （72.2%）	110 （24.4%）	15 （3.3%）	450 （100.0%）

図表 8-19　性別と喫煙状況のクロス表　（行パーセント）

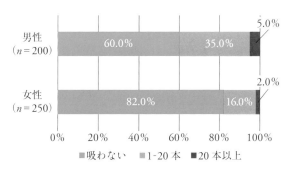

図表 8-20　性別と喫煙状況のグラフ

2. 変数間の関係を調べる

1) association

　第7章では，2つの量的変数が相互に関連していることを相関といった，質的変数どうしについては**連関**[1]という。相関関係が「一方の変数の値が変化したとき，もう一方の変数の値も変化する」ことを意味していたが，連関については，「一方の変数の値によって，もう一方の変数の分布が異なる」ことを意味する。クロス表をもとに言い換えると，行パーセントが行で違うことである。

2-1　2変数の連関の有無を調べる

　図表 8-8 から，性別とうつ傾向の間には関係性があり，男性の方がうつ状態の人が多いことが示唆された。質的変数間の連関があるかどうか，その程度の強さなどを知るために，**カイ二乗統計量**という統計量を使う。
　カイ二乗統計量を求める前に，「連関がないとはどういうことなのか」を説明する。

2-1-1　連関がない状態のクロス表

　連関がまったくない状態のことを**統計的独立**という。統計的独立のときにクロス表はどうなるのだろうか。先に示した「連関がある＝行パーセントが各行で違う」ことから考えると，「連関がない＝行パーセントがどの行でも同じ」ということになる。

	うつ状態	うつではない	合計
男性	10 (25%)	30 (75%)	40 (100%)
女性	5 (25%)	15 (75%)	20 (100%)
計	15 (25%)	45 (75%)	60 (100%)

	うつ状態	うつではない	計
男性	15 (50%)	15 (50%)	30 (100%)
女性	15 (50%)	15 (50%)	30 (100%)
計	30 (50%)	30 (50%)	60 (100%)

図表 8-21　性別とうつ傾向の無連関のクロス表　（行パーセント）

　2つの表はいずれも，男女のいずれも，うつ傾向の各カテゴリーの行パーセントが等しい。さらに，対角セルの度数の積がもう一方の対角セルの度数の積と等しい。このようなクロス表が「2つの変数間に連関がない」状態である。

2-1-2 連関がないクロス表を作る

連関のないクロス表は，周辺度数を使って作ることができる。連関の
ない状態下で期待される各セル度数のことを，**期待度数**[1]という。期待
度数は以下の式で求められる。

1) expected frequency

$$\text{期待度数} \quad E_{ij} = \frac{\overset{\text{行周辺度数}}{n_{i\cdot}} \times \overset{\text{列周辺度数}}{n_{\cdot j}}}{\underset{\text{総度数}}{n_{\cdot\cdot}}}$$

行 列

図表 8-8 の性別とうつ傾向のクロス表をもとに計算すると，次のよう
に求められる。

	うつ状態	うつではない	合計
男性	$100 \times 50 \div 200 =$ 25	$100 \times 150 \div 200 =$ 75	100
女性	$100 \times 50 \div 200 =$ 25	$100 \times 150 \div 200 =$ 75	100
合計	50	150	200

図表 8-22　期待度数の計算

2-1-3 カイ二乗統計量

カイ二乗統計量とは，期待度数と観測度数のズレの程度を示す統計量
であり，値が大きいほど，ズレが大きいことを示す。

図表 8-8 と図表 8-22 を用いて，カイ二乗値を計算する。

① 期待度数を求める。

	うつ状態	うつではない
男性	40 [25]	60 [75]
女性	10 [25]	90 [75]

図表 8-23　性別とうつ傾向のクロス表 ［期待度数］

② 観測度数から期待度数を引く「**セル残差**」を求める。

	うつ状態	うつ ではない
男性	$40 - 25 =$ 15	$60 - 75 =$ -15
女性	$10 - 25 =$ -15	$90 - 75 =$ 15

図表 8-24　セル残差の計算

i 行 j 列の観測度数　　　　　i 行 j 列の期待度数

$$残差 \quad r_{ij} = O_{ij} - E_{ij}$$

1) 調整残差という。

③ 各セル残差を二乗し，期待度数で割る [1]。

クロス表の全体の残差の合計を計算したいが，図表 8-14 をみると残差にはプラスとマイナスの値が混ざっており，単純に足し合わせると 0 になってしまう。そこで分散の計算方法と同じように，残差を二乗することで，打ち消し合うことを避ける。また，残差の大きさはサンプルサイズに依存するため，各セルの期待度数で割り，期待度数に比して残差がどの程度大きいかを示すように調整する。

	うつ状態	うつではない
男性	$(15)^2 \div 25 =$ 9	$(-15)^2 \div 75 =$ 3
女性	$(-15)^2 \div 25 =$ 9	$(15)^2 \div 75 =$ 3

図表 8-25　調整残差の計算

④ 調整残差をすべて足し合わせる（＝カイ二乗値）。
$$カイ二乗値 \left(\chi^2 \right) = 9 + 3 + 9 + 3 = 24$$

2) カイ二乗統計量はカイニ乗分布に従う。

カイ二乗統計量 [2] は以下のように定義できる。

$$\chi^2 = \sum_{i=1}^{R} \sum_{j=1}^{C} \frac{(O_{ij} - E_{ij})^2}{E_{ij}}$$

R：説明変数のカテゴリー数
C：被説明変数のカテゴリー数

2-2 カイ二乗検定[1]：2変数間の関連の有無

1）chi-square test

クロス表の統計的検定にはカイ二乗検定が用いられる。図表8-8はたまたま調査に選ばれた200人のデータである。性別とうつ傾向の連関があるといえそうだが，たまたま，うつ状態の男性と，うつではない女性を多めに選んでしまった可能性がある。もし仮に「性別とうつ傾向には連関がない」にもかかわらず，図表8-8のように「性別とうつ傾向に連関がある」ように見えるデータを選んでしまう可能性がどれくらいあるのかを検定していく。その可能性が無視できないほど大きければ，性別とうつ傾向には連関があるとはいえない。クロス表をもとにして変数間の連関があるかどうかを検証するためにはカイ二乗検定を行う必要がある。

2-2-1 カイ二乗検定の手続き[2]

ステップ1	仮説を立てる ●帰無仮説「（母集団において）2つの変数の間には連関がない（統計的に独立）」$\chi^2 = 0$ ●対立仮説「2つの変数の間には連関がある」$\chi^2 \neq 0$
ステップ2	カイ二乗検定の有意水準を設定する[3]
ステップ3	カイ二乗値を計算する
ステップ4	自由度[4]と有意水準から棄却域の端点（限界値）[5]を求め，ステップ3で求めたカイ二乗値と比較する
ステップ5	限界値よりもカイ二乗値の方が ・大きい場合…帰無仮説を棄却・対立仮説を採択 　　　　　「2つの変数の間に連関がある」 ・小さい場合…帰無仮説を受容・対立仮説を棄却 　　　　　「2つの変数の間には連関がない」

この自由度は，「周辺度数が固定されているときに好きな数字を設定できるセルの数」としても考えることができる。

たとえば次のような2×2のクロス表を考え，空白のセルに度数を入れて図表8-26を完成させたい。

	うつ状態	うつではない	計
男性	①	60−①	60
女性	50−①	50−（60−①）	40
計	50	50	100

図表8-26　自由度の説明

この場合は1つのセルだけ自由に度数を決められる。たとえば n_{11} の

2）カイ二乗検定を行う場合の注意点：

以下のような場合はカイ二乗検定を使えない。

・期待度数が1未満のセルがあるとき

・期待度数が5未満のセルが全体セル数の20％以上あるとき

・周辺度数が10以下の値があり，度数が0に近いセルがあるとき

↓

対応策

① フィッシャーの直接確率法を使う（参考：森・吉田pp187-189）

② 度数0が現れたカテゴリーを除外

③ カテゴリーどうしを統合する

3）有意水準は慣習的に5％とすることが多い。

4）カイ二乗分布の形は自由度によって変わるため，自由度をあらかじめ求めておく必要がある。

　自由度＝（説明変数のカテゴリー数−1）×（被説明変数のカテゴリー数−1）

2×2のクロス表の場合は，(2−1)×(2−1)＝1となる。

5）自由度が大きいほど，限界値も大きくなる

度数を決めた途端に，それ以外の 3 つのセルの度数は n_{11} 度数と周辺度数から求めることができるからである。

では実際にカイ二乗検定を行ってみる。これまでの計算からカイ二乗値＝24，自由度＝1 であることがわかっている。

図表 8-27 のカイ二乗分布表を確認すると，自由度 1 で有意水準 5% のときの限界値は 3.84 である。

自由度	有意水準		
	0.10	0.05	0.01
1	2.71	3.84	6.63
2	4.61	5.99	9.21
3	6.25	7.81	11.34
4	7.78	9.49	13.28
5	9.24	11.07	15.09

図表 8-27　カイ二乗分布（抜粋）

カイ二乗値の 24 と比較すると，カイ二乗値の方が大きいため，「性別とうつ傾向には連関がない」という帰無仮説を棄却し，対立仮説の「性別とうつ傾向には連関がある」を採択する。

2-2-2 Excel での実装

カイ二乗値を手計算せずに，Excel の関数を使ってカイ二乗検定を行う方法を紹介する[1]。

1）データと動画
jikkyo contents

	A	B	C	D
1	観測度数	うつ状態	うつではない	計
2	男性	40	60	100
3	女性	10	90	100
4	計	50	150	200
5				
6	期待度数	うつ状態	うつではない	
7	男性	25	75	
8	女性	25	75	
9				
10	カイ二乗検定	=CHITEST(B2:C3,B7:C8)		
11				
12				

図表 8-28

まず観測されたクロス表を入力し，別のクロス表を作成して期待度数を計算する。次に「CHITEST（または CHISQ.TEST）」関数を使って，「＝CHITEST（観測度数の範囲，期待度数の範囲）」を指定する。すると p 値が表示されるので，この値が 0.05 よりも小さければ 5% の有意水準で帰無仮説を棄却する。

2-3 連関係数：2 変数の連関の大きさを調べる

　第 7 章でも説明されている通り [1]，統計的に有意な連関 [2] があることと，連関の程度が強いことは同じではない。2 変数の連関の程度を調べるためには，カイ二乗検定を行うだけではなく，**連関係数** [3] を求める必要がある。連関係数にはいくつかの指標があるが，ここではクラメールの V 係数と 2×2 のクロス表で使える ϕ 係数を説明する。

2-3-1 クラメールの V 係数

　カイ二乗値を用いて，連関係数を算出するのがクラメールの V 係数である。とりうる値は 0 ～ 1，値が大きいほど連関が大きいことを示す。V 係数は以下の式によって求められる。連関がないときは 0 をとる。

$$V = \sqrt{\frac{\chi^2}{n\left(\text{Min}(r-1, c-1)\right)}}$$

- カイ二乗値
- r−1 と c−1 の小さい方を選ぶ
- 総度数
- 行変数のカテゴリー数
- 列変数のカテゴリー数

　この式は，カイ二乗値が標本の大きさに正比例するという特徴を補正し，最大値を一定にするために調整していることを示す。
　ルート内の分母にある Min(r−1, c−1) というのは，説明変数と被

1）第 7 章 p.140

2）ケース数に依存するため，ケース数が少ないと有意になりにくい。逆に，ケース数が多くなるほど有意になりやすい。カイ二乗検定が有意だと連関がある，有意でないと連関なしと単純に考えがちであるが，連関があるといっても弱い連関しかないときもある。
一方で連関係数が示す連関の大きさはケース数の影響を受けない。

3）measures of
　　　　association
連関係数は，相関係数の質的変数バージョンだと考えるとよい。

コラム13　イエーツの補正

　データの総数（n）が小さい場合に，2×2 のクロス表においてカイ二乗検定を適用すると，本来カイ二乗分布にしたがって出現されるべき値よりも，大きめの値が得られやすくなってしまう。要するに，近似が悪くなってしまう問題が生じるのだ。それを修正するために，イエーツの補正と呼ばれる方法が提唱されている。その公式を示すと，

$$補正後の \chi^2 = \frac{\left(|n_{11}n_{22} - n_{12}n_{21}| - \frac{n}{2}\right)^2 n}{n_{1\cdot}n_{2\cdot}n_{\cdot1}n_{\cdot2}}$$

となる。とりわけ，セルの期待度数 E_{ij} が 5 を下回るときには，補正が必要とされる。

説明変数のカテゴリー数が少ない方を選び，カテゴリー数−1を採用するという意味である。今回は 2×2 のクロス表のため性別でもうつ傾向でもよい。ルート内の分母は 200×(2−1)=200 となる。

$$V = \sqrt{\frac{24}{200}} = 0.35$$

1) ϕ（ファイ）係数は，四分位点相関係数ともいう。

2-3-2 ϕ係数[1]（2×2のクロス表の場合のみ）

クラメールの V 係数は 2×2 以上のクロス表でも使うことができる。一方で，ϕ 係数は 2×2 のクロス表にのみ使用できる。

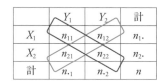

	Y_1	Y_2	計
X_1	n_{11}	n_{12}	$n_{1.}$
X_2	n_{21}	n_{22}	$n_{2.}$
計	$n_{.1}$	$n_{.2}$	n

図表 8-29　ϕ 係数の説明

ϕ 係数は，連関がない場合は 0，−1 〜 1 の値をとる。符号については，少なくとも一方の変数が順序のつけられない変数（例：性別）の場合は意味をもたない。値の絶対値から連関の大きさを判断すればよい。
ϕ は以下の式で求められる。

$$\phi = \frac{n_{11}n_{22} - n_{12}n_{21}}{\sqrt{n_{1.}n_{2.}n_{.1}n_{.2}}}$$

図表 8-3 から ϕ 係数を計算すると以下のようになる。

$$\phi = \frac{(40 \times 90) - (60 \times 10)}{\sqrt{100 \times 100 \times 50 \times 150}} = 0.35$$

ϕ 係数は，2×2 のクロス表のクラメールの V 係数と一致する。

2-3-3 値の目安

ϕ 係数はピアソンの積率相関係数の特殊な場合[1]であり，さらに 2×2 のクロス表の V 係数とも一致する。そのため連関の大きさの判断も同様にしてよい。ただし，クロス表による質的変数間の連関は小さめの値となる傾向があるため，以下のように緩めの基準を用いるとよい[2]。

> 0.1 以下はほぼ連関なし
> 0.1 〜 0.3 以下は弱い〜中程度の連関あり
> 0.3 以上は強い連関あり

ϕ 係数はマイナスの値になることがあるが，絶対値の大きさだけで連関の強さを判断する。

たとえば，ここでみた連関は 0.35 なので，強い連関があると判断できる。

2-3-4 連関係数の注意点

連関係数だけで連関の程度をとらえてはいけないということである。連関係数が同じであっても，各セルの度数が異なることがあるため，連関係数の値の他にも各セルの行パーセントの差をていねいに記述する必要がある。

2-4 残差分析[3]

2 変数間に有意な連関があるかどうか，2 変数間の連関の程度を判断するにはカイ二乗検定，連関係数から明らかになった。図表 8-19 の性別と喫煙状況のクロス表を例に説明すると，性別と喫煙状況には統計的に有意な連関があるが，その程度は弱いことがわかる。しかしどの観測値に有意差があるか，この結果からは不明である。つまり具体的な連関の仕方についてはわからない。

1) 特殊な場合とは，2 つの量的変数がどちらも 2 値の値しかとらない場合

2) この基準は，Babbie, et al.（2022），p.221 を参考とした。

3) 残差分析は 2 変数間に連関があると判断された場合にのみ行う。

	吸わない	1－20 本	20 本以上	計
男性	120 （60.0%） ［144.4］	70 （35.0%） ［48.9］	10 （5.0%） ［6.7］	200 （100.0%）
女性	205 （82.0%） ［180.6］	40 （16.0%） ［61.1］	5 （2.0%） ［8.3］	250 （100.0%）
計	325 （72.2%）	110 （24.4%）	15 （3.3%）	450 （100.0%）

$\chi^2 = 26.9$, d.f. $= 2$, $p < 0.01$, Cramer's$V = 0.24$

図表 8-30 ［再掲］ 性別と喫煙状況のクロス表 （行パーセント）［期待度数］

　具体的な連関を知るためには，クロス表の行パーセントを比較すれば よい。図表 8-19 をみると，たばこを吸わない人の割合は，男性 60％女 性 82％であり 22 ポイントの差があり，女性の方が男性よりもたばこを 吸わないといえそうである。

　しかし行パーセントの違いが，母集団においても 0 ではないといえ るのだろうか。これを検証するために，**残差分析**[1] という統計的検定を 行う。2 変数の連関ではなくセルに注目して，統計的に有意なズレが見 られるかどうか検証する方法である。

2-4-1 調整済み標準化残差の求め方

　先にも述べたように，残差は期待度数と観測度数のズレの大きさを示 す。観測度数が期待度数より大きければ正の値をとるし，小さければ負 の値をとる。**絶対値が大きいほど，2 変数の連関の特徴が示されている** と考える。検定に用いるのは調整済み標準化残差である。これは以下の 式から求められる。

$$d_{ij} = \frac{\overset{\text{観測度数}}{O_{ij}} - \overset{\text{期待度数}}{E_{ij}}}{\sqrt{E_{ij} \times \left(1 - \underset{i\text{行の比率}}{\frac{n_{i\cdot}}{n}}\right) \times \left(1 - \underset{j\text{行列の比率}}{\frac{n_{\cdot j}}{n}}\right)}}$$

　たとえば n_{11} の調整済み標準化残差を求めると，以下のように算出さ れる。

1）1 つのセルの度数が偶然 に起こるかどうかを判定する

$$d_{11} = \cfrac{120 - 144.4}{\sqrt{144.4 \times \left(1 - \cfrac{200}{450}\right) \times \left(1 - \cfrac{325}{450}\right)}}$$

$$= \frac{-24.44}{\sqrt{22.3}} = -5.18$$

すべてのセルについて，調整済み標準化残差を計算したのが図表 8-31 である。

	吸わない	1−20 本	20 本以上
男性	− 5.18	4.66	1.76
女性	5.18	− 4.66	− 1.76

図表 8-31　性別と喫煙状況のクロス表の調整済み標準化残差

2-4-2 検定の方法

　調整済み標準化残差は，期待度数がじゅうぶんに大きければ「残差 = 0」という帰無仮説のもとで，標準正規分布に近くなる。この値の絶対値が下の表の限界値をこえていれば帰無仮説は棄却される。

	有意水準		
	0.10	0.05	0.01
両側検定	1.65	1.96	2.58
片側検定	1.28	1.65	2.33

図表 8-32　標準正規分布を用いた検定の限界値

　たとえば，「男性でたばこを吸わない」$d_{11} = -5.18$ であり，1%水準の限界値 2.58 よりも絶対値が大きい。そのため帰無仮説は棄却され，「男性は女性と比べて「たばこを吸わない」と答える傾向が少ない」と判断できる。

	吸わない	1−20 本	20 本以上
男性	− 5.18 **	4.66 **	1.76 †
女性	5.18 **	− 4.66 **	− 1.76 †

図表 8-33　残差分析の結果の示し方

Chapter

さらなる学習のために

　この章では，8章までに扱えなかった内容のうち，心理統計学において重要なものについて短く紹介する。それらは，ノンパラメトリック検定法，多変量解析，因果関係，である。ノンパラメトリック検定法には，さまざまな方法が含まれるが，ここではメディアン検定のみをとりあげた。同様に，多変量解析については，重回帰分析と因子分析のみをとりあげた。

1. さらなる学習のために

　入門書である本書では，8章までに，心理統計学の基本的な内容の解説をおこなってきた。そこまでで扱えなかった内容で，特に現代の心理統計学の応用にとって重要なものを，この章でごく短く紹介する。それは，ノンパラメトリック検定法，多変量解析，因果関係，である。これらは，明らかに入門レベルを超える内容ではあるが，さらなる学習のための手掛かりとなる情報となるだろう。

2. ノンパラメトリック検定法

　本書の第4章から第6章にかけて，統計的検定のさまざまな方法について解説をした。それらは，母集団におけるデータの分布が，正規分布のように，何か特定の確率分布にしたがうことを仮定したものであった。心理統計学では，そうした仮定を置かないで検定をおこなう方法も，これまでに開発されてきた。

　母集団の分布の型に仮定を置かない検定の方法のことを，**ノンパラメトリック検定法**[1]と呼ぶ。ノンパラメトリック検定法には，さまざまな技法が含まれる。すでに8章で扱ったカイ二乗検定も，ノンパラメトリック検定法のうちの一種といえる。メディアン検定や符号付き順位和検定のように，分析のねらいが名前に反映されたものもあれば，マクネマーの検定やマン・ホイットニーの検定のように，開発者名が反映されたものもある。また，独立した群のデータを分析するための技法もあれば，対応のあるデータを分析するためのものもある。さらに3つ以上の群の分析に拡張可能なものもあるなど，ノンパラメトリック検定法の範疇には，多種多様な技法が存在している。

　ここで，ノンパラメトリック検定法のなかで最もシンプルな，**メディアン検定**[2]の考え方と計算方法を紹介する。メディアン検定とは，2つ以上の群のあいだで，母集団における中央値が等しいかどうかを検定するものだ。仮に，以下のデータ例より，学級A，学級B，学級Cのあいだで，テスト得点の中央値が異なるかどうか，メディアン検定で調べてみよう。

学級A {10, 45, 47, 55}　　学級B {25, 58, 75, 89}
学級C {62, 77, 90, 95}

1) nonparametric test

2) median test

まず，これら 12 名のテスト得点における中央値は，60 点と求められる。次に，12 名を，各々のテスト得点が中央値よりも上か下かに分け，学級ごとに人数を数えるクロス集計をおこなう。すると，以下の図表9-1 のように整理できる。

	60 点より上	60 点より下
学級 A	0	4
学級 B	2	2
学級 C	4	0

図表 9-1　学級とテスト得点のクロス表

　そのうえで，このクロス表をもとに，カイ二乗検定をおこなえばよい。この表からカイ二乗統計量を計算すると，$\chi^2 = 8$ で，自由度 2 の場合の限界値 5.99 を超えているため，「3 つの学級のテスト得点の中央値は同じである」とする帰無仮説は棄却される。すなわち，学級間でテスト得点の中央値に差異があることが，メディアン検定で裏付けられたわけである。

　なお，ここでは 3 群を比較したが，もし 2 群を比較するために 2×2 のクロス表にまとめたうえでメディアン検定をする際には，カイ二乗統計量の計算でイエーツの補正をおこなわなければ正確な値が得られないことに注意されたい [1]。

1) p.167 のコラム参照

　最後に，ノンパラメトリック検定法の強みと弱みを述べておきたい。その強みは，使用の前提条件が緩く，適用の範囲が広いことである。たとえば，データが正規分布にしたがっていなくても，群のあいだでデータの分散が等しくなくても，ノンパラメトリック検定法は使用可能だ。ほかにも，名義尺度や順序尺度の変数であっても，ランキングなど順位だけがわかっている場合でも適用できる。では，ノンパラメトリック検定法の弱みは何かというと，検定力が低めであることだ。つまり，統計的有意差が出にくい。もし，データの分布が特定でき，それが使用条件を満たすようなら，通常のパラメトリックな検定のほうがより正確な分析となる。

175

3. 多変量解析

3-1 重回帰分析

1) multiple regression
analysis

　第7章で扱われた回帰分析は，独立変数が1つの場合は単回帰分析と呼ばれ，2つ以上の場合には**重回帰分析**[1]と呼ばれる。重回帰分析の式は，

$$\hat{y} = a_1 x_1 + a_2 x_2 + \cdots + a_p x_p + b$$

のように，右辺に，独立変数 x が複数存在し，各々に回帰係数 a が掛けあわされたうえで，切片 b も足して結合し，従属変数を予測する値をつくりだすものである。この式からわかるように，重回帰分析では，複数の独立変数によって，従属変数の予測をおこなうようになっている。

　重回帰分析が単回帰分析よりもどこが優れているかというと，第1に，予測の精度が高くなることである。たくさんの予測の要因を考慮できるわけだから，当然ながら決定係数 R^2 はより大きくなる。つまり，1つの要因での予測に比べて，相対的にいえば重回帰分析のほうが予測がうまくいく。

　第2に，他の変数の影響を統制できることである。単回帰分析では，ときにライバルとなる他の変数や基本属性変数（たとえば，年齢，性別など）の影響が，従属変数と注目する変数との関連に混ざってきてしまい，本来知りたい純粋な関連がとらえられないことがありうる。重回帰分析ならば，注目する変数だけでなく，ライバルとなる変数や基本属性などの他の変数をも同時に独立変数に含めて推定し，他の変数の影響を数学的に除去したうえで注目する変数と従属変数との関連をとらえることが可能となる。こうした他の変数の影響の除去のことを，**統計的統制**[2]という。

2) statistical control

　第3に，従属変数と独立変数の関連の程度を，比較できることである。回帰分析では，標準化回帰係数を求めることができる。それは，従属変数とすべての独立変数を，標準得点に変換したうえで回帰分析をした際に計算される回帰係数のことをさす。標準得点に変換すると，単位の意味をもたない数値になっており，加えてデータのばらつき（標準偏差）はすべての変数で同一になっている。そうした特徴をもつ標準得点から求められる標準化回帰係数は，係数の絶対値を複数の変数間で比べることができる。要するに，独立変数 x_1 と x_2 とで，どちらがより従属変数 y との関連が強いのか，検討することを可能とさせてくれる。

ただし複数の独立変数を扱うようになったからこそ，重回帰分析では考えなければいけない問題が出てくる。その1つは，あてはまりの良さの指標である。回帰分析のあてはまりは通常は決定係数 R^2 でみるが，これは独立変数が多くなると単調的に値が高くなってしまうため，たとえば独立変数が2個のモデルと10個のモデルでどちらがあてはまりがよいかを判断する際に都合が悪くなる。それを補うために，重回帰分析ではしばしば自由度調整済み決定係数 Adjusted R^2 を用いる。これは，独立変数の数による影響を調整するもので，重回帰分析のモデル間でのあてはまりの比較に適している。式は以下の通り。なお，ここでの n はデータ総数，p は独立変数の数である。

$$\text{Adjusted } R^2 = 1 - \frac{\sum (y_i - \hat{y})^2 / (n - p - 1)}{\sum (y_i - \overline{y})^2 / (n - 1)}$$

それからもう1つ，複数の独立変数のあいだでの相関が高過ぎる場合に，おかしな分析結果が出力される可能性がある。回帰係数の標準誤差がありえないような大きさになったり，係数の符号が変わったりなど，理解に苦しむ結果にも直面する。この問題は，**多重共線性**[1]と呼ばれる。独立変数間で情報が過度に重複していることから生じる問題といえる。多重共線性のチェックは，**分散拡張要因**（VIF）[2]を計算し，それが許容できる範囲内（10以下，ときには2以下）であるかどうかをみることでなされる。

実際の心理学の研究，とりわけ調査データの分析においては，重回帰分析およびそれを拡張したような分析法を用いることが多い。どうしてそうするかというと，基本属性を統制し，先行研究でみられた重要な変数もやはりライバル要因として考慮したうえで自身の注目する変数の関連をみないと，擬似的な効果かもしれないとの批判を免れえないからである。科学的な知見として確立されるためには，他の変数の統計的統制は非常に重要である。

3-2 因子分析

心理学の研究でよく用いられる多変量解析の技法に，**因子分析**[3]がある。因子分析とは，観測されたデータが，本質的な要因である**共通因子**[4]と，個々の変数にだけかかわる**独自因子**[5]によって構成されるという見方をした統計モデルである。図示すると，以下のようになる。

1) multicollinearity

2) Variance Inflation Factor

3) factor analysis

4) common factor

5) unique factor

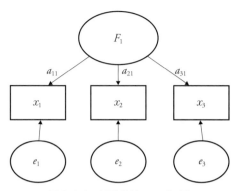

図表9-2　因子分析のモデル図

　　共通因子Fは多くの観測変数xへと影響をしている。それに対し，独自因子eは，e_1はx_1とだけ，e_2はx_2とだけというように，観測変数と一対一で対応し，関連している。

　　意味としては，共通因子は，多くの観測変数に共通する成分を含んだ，本質的な要因というべきものといえる。他方，独自因子は，共通因子を取り除いた後に残る成分であるので，当該の観測変数の独自の成分だけからなるものとみることができる。因子分析では，前者の共通因子を心理学の理論に基づいた概念をとらえたものとして扱い，後者の独自因子はいわば誤差として扱う。したがって，因子分析をする際には，もっぱら共通因子の推定や，その推定値の活用のほうに関心が置かれることがほとんどである。

1）factor loadings

　　観測変数xと共通因子Fとの関連は，**因子負荷量**[1]aであらわされる。因子分析においては，観測変数xも共通因子Fの推定値もどちらも標準化して用いられることが一般的だが，そのときには，因子負荷量aは観測変数xと共通因子Fの推定値との相関係数と一致する。すると，因子負荷量の値をみることで，観測変数に対し，共通因子からどの程度の影響があるのかを判断できる。さらに，さまざまな因子負荷量を幅広くみて，どの共通因子とどの観測変数が強く結びついているかを検討することにより，共通因子のもつ意味の解釈が可能となる。

2）factor score

　　因子分析をおこなった結果を利用して，共通因子の推定値を求めることができる。それは，**因子得点**[2]と呼ばれる。求められた因子得点は，次なる統計分析にも利活用が可能だ。たとえば，因子得点が群間で差異がみられるかどうかを分散分析で調べたり，因子得点を回帰分析の独立変数や従属変数として位置づけて分析をおこなうなどである。

　　ひとつの概念を測るために，複数の観測変数のデータを得ているのであれば，因子分析をおこなうことは統計的に利点が大きい。まず，複数

の観測変数に共通する成分をうまく抽出した因子得点を使うことで，もとの理論的な概念をよく反映した，妥当な測定ができていると考えられる点がある。それと，個別に分析すると，各々の観測変数の測定誤差まで含んだ分析になり，分析の精度が低くなりがちで，本当はみられるはずだった統計的有意差を見逃す危険性が高くなる。だが因子得点を分析に用いれば，測定誤差は独自因子のほうに含まれ，それを取り除いたうえでの分析となるので，より分析の精度が高くなる点も強調できる。

　ここでは，因子を1つだけ抽出することを例に解説してきたが，因子分析では，因子を複数取り出すこともできる。第1因子だけではモデルとデータとの適合が十分ではないときには，さらに第2因子の抽出を試みる。それでもなお適合が不十分と判断したら，第3因子を抽出する，というように続けていく。因子分析においては，全体のデータのばらつきのうち，当該の共通因子のもつ説明力を因子寄与率という値でとらえる。この因子寄与率の合計の値（累積寄与率）が，十分に大きければ，そのときに抽出した共通因子の個数でよいという判断になる。ほかにも，スクリープロットと呼ばれるグラフの形状から適合が十分かどうかを判断するやり方もある。推定法によっては，統計的な適合度検定の結果を，因子分析の解の決定に用いることもできる。

　因子分析は，知能の潜在構造を明らかにするための手法として開発された経緯があり，特に心理統計の分野のなかで発展してきた興味深い方法である。本書の限られた紙幅では，ごくわずかな解説と紹介にとどまらざるを得なかった。共通因子のさまざまな抽出方法，複数の共通因子をとりだすならばそれらの軸の回転方法，因子得点の推定方法などにきわめて多くのバリエーションがあるために，学ばなければいけないことは多い。ほかにも，解の決定，不適解への対処など，実践的な知識も備えないと，なかなかうまく使えない。それでもなお，より発展的な技法へとつながっていくものであり，心理学的な研究に適した方法でもあることから，他の成書などを通して因子分析を学習することを推奨したい。

4. 因果関係

4-1 相関と因果

　第7章で扱われた相関係数は，ふたつの変数のあいだの関連の向きと強さをあらわす統計量であった。絶対値の大きい相関係数が求められれば，それは変数間の関連が確認された証拠とみなすことができる。た

だしそれを，原因が結果へと作用したこと，すなわち因果関係の証拠だととらえるのは早計である。ふたつの変数のあいだに因果関係があるならば，相関は現れるが，逆はそうではない。相関は因果関係の所在を保証しない。

1) causal relationship

　因果関係[1]とは，原因となる要因を操作したときに，それを受けて結果が変わることをさす。みられた相関関係が，因果関係といいうるかどうかを検討するには，少なくとも，次のような諸点をクリアしなければならない。第1に，相関関係の強さ，である。相関が十分に強く，しかもそれが擬似相関ではないことを確認する必要がある。第2に，変数の時間的先行性，である。これは，結果となる変数 y よりも原因候補の変数 x のほうが時間的に先に値が決まることを意味する。第3に，相関関係の普遍性，である。どの時代においても，どの地域においても，またどのような対象であっても，ほぼ同様に相関関係がみられるならば，十分に普遍性を満たしているといえる。第4に，他の研究との整合性である。みられた相関は，諸科学の理論から説明可能なものであるのか，さらに既存の研究結果などと一致するのかどうかも，よく検討すべきである。

　相関関係から因果を推論するには，検討しなければならない点が多く，難しい問題を含んでいることが理解できるだろう。なお，より詳細で体系的な因果判定のガイドラインとして，ヒルのガイドライン[2]がある。より詳しく知りたい方は，それらを一読されるとよい。

2) Hill, A. B. (1965)
"Environment and Disease : Association or Causation" *Proceedings of the Royal Society of Medicine* vol. 58, pp.295-300.
日本語訳は，星野崇宏, (2009)『調査観察データの統計科学』岩波書店。

4-2 因果関係にせまる方法

　統計的な方法のなかで，因果関係にせまるための方法は，さまざま開発されている。その，もっとも重要な，そして伝統的な方法が，実験計画法である。実験計画法においては，原因とされる要因に，人為的に介入をする。たとえば，教授法の違い（原因）が，テスト得点（結果）の違いを生み出すかどうかを検証するのであれば，注目する教授法で教育を受けるグループと比較対照となる教授法で教育を受けるグループとに，無作為に対象者を割り当てたうえで，その後にテストを受けるようにすればよい。そうすることで，教授法の違い以外のあらゆる要素はグループ間で同質となるので，両グループの得点差はもはや教授法の違いによるもの，すなわち因果的な効果だと確信できるのである。こうした無作為割り当てを伴う実験のことを，**無作為化比較試験**[3]と呼ぶ。これが，心理統計学における最有力な因果推論の方法であるといってよい。

3) randomized controlled trial

　だが，技術的あるいは倫理的な条件により，無作為化比較試験ができない状況であることも多い。そうした状況下では，無作為割り当てを伴

わない実験データや調査データをもとに，因果推論を試みることになる。
近年では，傾向スコア法，処置効果モデル，操作変数法，差分の差分法，
などの方法を適用して，因果推論をおこなうことが多くなっている。

コラム14　　「研究者倫理」について

　研究者倫理とは，研究者が研究を行う上で必要な倫理観のことである。心理学を学ぶ学生の皆さんにとって一番イメージしやすい研究者倫理は，卒業論文などのために取得したデータを勝手に改ざんしたり捏造をしたりしてはいけないということ等だろう。

　日本心理学会では，「倫理規程」をまとめており，《「公益社団法人日本心理学会倫理規程」は公益社団法人日本心理学会の会員，公益社団法人日本心理学会が認定する認定心理士，および，心理学に関係する研究や職務に従事しているかたのために，倫理上の指針を示すことを目指して作成されました。規程としてある程度の適用範囲の幅をもつ，一般的な場面で通用する行動指針になっています。》としている。

　心理学を学ぶ学生のみなさんにとって大切なことは，実験や調査を行う際，その参加者に研究の目的や方法を十分説明して「参加への同意」を得，確認したうえで実験や調査を開始することである。さらに得られたデータについての扱いに注意を払うことが大切である。研究参加者の個人情報が漏洩したり，実験参加者に不利益が起こらないようにしなければならない。さらにデータの紛失・漏洩などが起こらないように扱わなければならない。また，心理学実験や調査で得られたデータについて，いかなる改ざんや捏造をしてはならない。人に対する調査においては，さまざまな別の要因が影響することもあり，思うような結果が得られない場合も多々あるが，そうであってもけして改ざんや捏造はあってはならない。

　このような研究者の倫理，研究者がデータを扱う場合の倫理について日本心理学会では「公益社団法人日本心理学会倫理規程」にまとめている。以下の日本心理学会のサイトにpdfファイルで置かれているので，学生のみなさんは各自の心理学実験・調査を実施する前に目を通しておくことを推奨する。

　さらに，昨今では多くの大学に疫学研究における倫理規定を設け，規定に従っている調査研究であるのかどうかを審査する組織ができている。心理学実験や調査を開始する場合，実施する前に実験の内容，実験参加者への同意について等，実験の概要について申請をし，実験開始の許可が下りた後，実験を開始するということが多くなってきている。学生のみなさんであっても，各自の大学において心理学実験・調査を行う場合，倫理申請を行うこととしている場合もあるので確認をしてみるとよい。

参考・引用文献・HP
「公益社団法人日本心理学会倫理規程」　https://psych.or.jp/publication/rinri_kitei/

参考文献

• 第1章

宮埜壽夫・谷田部かなか・櫻井広幸（2018）『これならわかる！　心理統計』，ナツメ社

田中敏・山際勇一郎（1992）『ユーザーのための教育・心理統計と実験計画法』，教育出版

山田剛史・村井潤一郎（2004）『よくわかる心理統計』，ミネルヴァ書房

• 第2章

上藤一郎・西川浩昭・朝倉真粧美・森本栄一（2018）『データサイエンス入門―― Excel で学ぶ統計　データの見方・使い方・集め方』，オーム社

高野陽太郎・岡隆編（2004）『心理学研究法――心を見つめる科学のまなざし』，有斐閣アルマ

• 第3章

福田一彦・小林重雄（1973）自己評価式抑うつ性尺度の研究，『精神神経学雑誌』75（10），673-679

朝倉聡・井上誠士郎・佐々木史・佐々木幸哉・北川信樹・井上猛・傳田健三・伊藤ますみ・松原良次・小山司（2002）Liebowitz Social Anxiety Scale（LSAS）日本語版の信頼性および妥当性の検討，『精神医学』44（10），1077-1084

• 第4章

南風原朝和（2002）『心理統計学の基礎―統合的理解のために』，有斐閣アルマ

Liu, T., & Stone, C. C.（1999）. A critique of one-tailed hypothesis test procedures in business and economics statistics textbooks. *The Journal of Economic Education*, 30(1), 59-63

宮埜壽夫・谷田部かなか・櫻井広幸（2018）『これならわかる！　心理統計』，ナツメ社

田中敏・山際勇一郎（1992）『ユーザーのための教育・心理統計と実験計画法』，教育出版

• 第5章

浅井継悟（2014）青年期の過剰適応が主観的幸福感に及ぼす影響，『心理学研究』85-2，196-202

Cohen, J.（1969）*Statistical power analysis for the behavioral sciences.* Academic press

Cortina, J. M., & Nouri, H.（2000）*Effect size for ANOVA designs*（No. 129）. Sage

石津憲一郎・安保英勇（2008），中学生の過剰適応傾向が学校適応感とストレス反応に与える影響，『教育心理学研究』56(1)，23-31

大久保街亜・岡田謙介（2012）『伝えるための心理統計――効果量・信頼区間・検定力』，勁草書房

• 第6章

Kiriki, K.（2002）ANOVA4 on the Web　https://www.hju.ac.jp/~kiriki/anova4

水本篤・竹内理（2008）研究論文における効果量の報告のために――基礎的概念と注意点，『関西英語教育学会紀要：英語教育研究』31, 57-66

南風原朝和（2002）『心理統計学の基礎――統合的理解のために』，有斐閣アルマ

• 第7章

向後千春・冨永敦子（2008）『統計学がわかる【回帰分析・因子分析編】』技術評論社

中村知靖・松井仁・前田忠彦（2006）『心理統計法への招待――統計をやさしく学び身近にするた

めに（新心理学ライブラリ14）』サイエンス社

山内光哉（1998）『心理・教育のための統計法』サイエンス社

岡太彬訓・都築誉史・山口和範（1995）『データ分析のための統計入門』，共立出版

- 第8章

Babbie, E. R., W.E. Wagner & J.S. Zaino（2022）*Adventures in Social Research: Data Analysis Using IBM SPSS Statistics*（11th edition），Pine Forge

川端一光・荘島宏二郎（2014）『心理学のための統計学入門——ココロのデータ分析』，心理学のための統計学1，誠信書房

村井潤一郎・柏木惠子（2018）『ウォームアップ心理統計』，東京大学出版会

山田剛史・村井潤一郎（2004）『よくわかる心理統計』，ミネルヴァ書房

田中敏（1996，改訂版2006）『実践心理データ解析』，新曜社

南風原朝和（2002）『心理統計学の基礎——統合的理解のために』，有斐閣アルマ

森敏昭・吉田寿夫（1990）『心理学のためのデータ解析テクニカルブック』，北大路書房

太郎丸博（2005）『人文・社会科学のためのカテゴリカル・データ解析入門』，ナカニシヤ出版

永吉希久子（2016）『行動科学の統計学——社会調査のデータ分析』，共立出版

- 第9章

Hill, A.B.（1965）Environment and Disease: Association or Causation?, *Proceedings of the Royal Society of Medicine*, Vol.58, 295-300

星野崇宏（2009）『調査観察データの統計科学』，岩波書店

渡部洋編著（2002）『心理統計の技法』，福村出版

正規分布表

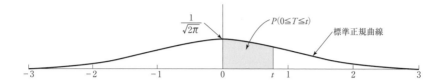

t	0	1	2	3	4	5	6	7	8	9
0.0	0.0000	0.0040	0.0080	0.0120	0.0160	0.0199	0.0239	0.0279	0.0319	0.0359
0.1	0.0398	0.0438	0.0478	0.0517	0.0557	0.0596	0.0636	0.0675	0.0714	0.0753
0.2	0.0793	0.0832	0.0871	0.0910	0.0948	0.0987	0.1026	0.1064	0.1103	0.1141
0.3	0.1179	0.1217	0.1255	0.1293	0.1331	0.1368	0.1406	0.1443	0.1480	0.1517
0.4	0.1554	0.1591	0.1628	0.1664	0.1700	0.1736	0.1772	0.1808	0.1844	0.1879
0.5	0.1915	0.1950	0.1985	0.2019	0.2054	0.2088	0.2123	0.2157	0.2190	0.2224
0.6	0.2257	0.2291	0.2324	0.2357	0.2389	0.2422	0.2454	0.2486	0.2517	0.2549
0.7	0.2580	0.2611	0.2642	0.2673	0.2704	0.2734	0.2764	0.2794	0.2823	0.2852
0.8	0.2881	0.2910	0.2939	0.2967	0.2995	0.3023	0.3051	0.3078	0.3106	0.3133
0.9	0.3159	0.3186	0.3212	0.3238	0.3264	0.3289	0.3315	0.3340	0.3365	0.3389
1.0	0.3413	0.3438	0.3461	0.3485	0.3508	0.3531	0.3554	0.3577	0.3599	0.3621
1.1	0.3643	0.3665	0.3686	0.3708	0.3729	0.3749	0.3770	0.3790	0.3810	0.3830
1.2	0.3849	0.3869	0.3888	0.3907	0.3925	0.3944	0.3962	0.3980	0.3997	0.4015
1.3	0.4032	0.4049	0.4066	0.4082	0.4099	0.4115	0.4131	0.4147	0.4162	0.4177
1.4	0.4192	0.4207	0.4222	0.4236	0.4251	0.4265	0.4279	0.4292	0.4306	0.4319
1.5	0.4332	0.4345	0.4357	0.4370	0.4382	0.4394	0.4406	0.4418	0.4429	0.4441
1.6	0.4452	0.4463	0.4474	0.4484	0.4495	0.4505	0.4515	0.4525	0.4535	0.4545
1.7	0.4554	0.4564	0.4573	0.4582	0.4591	0.4599	0.4608	0.4616	0.4625	0.4633
1.8	0.4641	0.4649	0.4656	0.4664	0.4671	0.4678	0.4686	0.4693	0.4699	0.4706
1.9	0.4713	0.4719	0.4726	0.4732	0.4738	0.4744	0.4750	0.4756	0.4761	0.4767
2.0	0.4772	0.4778	0.4783	0.4788	0.4793	0.4798	0.4803	0.4808	0.4812	0.4817
2.1	0.4821	0.4826	0.4830	0.4834	0.4838	0.4842	0.4846	0.4850	0.4854	0.4857
2.2	0.4861	0.4864	0.4868	0.4871	0.4875	0.4878	0.4881	0.4884	0.4887	0.4890
2.3	0.4893	0.4896	0.4898	0.4901	0.4904	0.4906	0.4909	0.4911	0.4913	0.4916
2.4	0.4918	0.4920	0.4922	0.4925	0.4927	0.4929	0.4931	0.4932	0.4934	0.4936
2.5	0.4938	0.4940	0.4941	0.4943	0.4945	0.4946	0.4948	0.4949	0.4951	0.4952
2.6	0.4953	0.4955	0.4956	0.4957	0.4959	0.4960	0.4961	0.4962	0.4963	0.4964
2.7	0.4965	0.4966	0.4967	0.4968	0.4969	0.4970	0.4971	0.4972	0.4973	0.4974
2.8	0.4974	0.4975	0.4976	0.4977	0.4977	0.4978	0.4979	0.4979	0.4980	0.4981
2.9	0.4981	0.4982	0.4982	0.4983	0.4984	0.4984	0.4985	0.4985	0.4986	0.4986
3.0	0.4987	0.4987	0.4987	0.4988	0.4988	0.4989	0.4989	0.4989	0.4990	0.4990
3.1	0.4990	0.4991	0.4991	0.4991	0.4992	0.4992	0.4992	0.4992	0.4993	0.4993
3.2	0.4993	0.4993	0.4994	0.4994	0.4994	0.4994	0.4994	0.4995	0.4995	0.4995
3.3	0.4995	0.4995	0.4995	0.4996	0.4996	0.4996	0.4996	0.4996	0.4996	0.4997
3.4	0.4997	0.4997	0.4997	0.4997	0.4997	0.4997	0.4997	0.4997	0.4997	0.4998
3.5	0.4998	0.4998	0.4998	0.4998	0.4998	0.4998	0.4998	0.4998	0.4998	0.4998

t 分布表

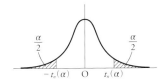

α \ n	0.500	0.250	0.100	0.050	0.020	0.010
1	1.000	2.414	6.314	12.706	31.821	63.657
2	0.816	1.604	2.920	4.303	6.965	9.925
3	0.765	1.423	2.353	3.182	4.541	5.841
4	0.741	1.344	2.132	2.776	3.747	4.604
5	0.727	1.301	2.015	2.571	3.365	4.032
6	0.718	1.273	1.943	2.447	3.143	3.707
7	0.711	1.254	1.895	2.365	2.998	3.499
8	0.706	1.240	1.860	2.306	2.896	3.355
9	0.703	1.230	1.833	2.262	2.821	3.250
10	0.700	1.221	1.812	2.228	2.764	3.169
11	0.697	1.214	1.796	2.201	2.718	3.106
12	0.695	1.209	1.782	2.179	2.681	3.055
13	0.694	1.204	1.771	2.160	2.650	3.012
14	0.692	1.200	1.761	2.145	2.624	2.977
15	0.691	1.197	1.753	2.131	2.602	2.947
16	0.690	1.194	1.746	2.120	2.583	2.921
17	0.689	1.191	1.740	2.110	2.567	2.898
18	0.688	1.189	1.734	2.101	2.552	2.878
19	0.688	1.187	1.729	2.093	2.539	2.861
20	0.687	1.185	1.725	2.086	2.528	2.845
21	0.686	1.183	1.721	2.080	2.518	2.831
22	0.686	1.182	1.717	2.074	2.508	2.819
23	0.685	1.180	1.714	2.069	2.500	2.807
24	0.685	1.179	1.711	2.064	2.492	2.797
25	0.684	1.178	1.708	2.060	2.485	2.787
26	0.684	1.177	1.706	2.056	2.479	2.779
27	0.684	1.176	1.703	2.052	2.473	2.771
28	0.683	1.175	1.701	2.048	2.467	2.763
29	0.683	1.174	1.699	2.045	2.462	2.756
30	0.683	1.173	1.697	2.042	2.457	2.750
40	0.681	1.167	1.684	2.021	2.423	2.704
60	0.679	1.162	1.671	2.000	2.390	2.660
120	0.677	1.156	1.658	1.980	2.358	2.617
∞	0.674	1.150	1.645	1.960	2.326	2.576

F分布表（上側5%点） $F(\phi_1, \phi_2 : 0.05)$

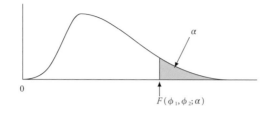

$F(\phi_1, \phi_2 ; \alpha)$

ϕ_2＼ϕ_1	1	2	3	4	5	6	7	8	9	10	12	15	20	24	30	40	60	120	∞
1	161	200	216	225	230	234	237	239	241	242	244	246	248	249	250	251	252	253	254
2	18.5	19.0	19.2	19.2	19.3	19.3	19.4	19.4	19.4	19.4	19.4	19.4	19.4	19.5	19.5	19.5	19.5	19.5	19.5
3	10.1	9.55	9.28	9.12	9.01	8.94	8.89	8.85	8.81	8.79	8.74	8.70	8.66	8.64	8.62	8.59	8.57	8.55	8.53
4	7.71	6.94	6.59	6.39	6.26	6.16	6.09	6.04	6.00	5.96	5.91	5.86	5.80	5.77	5.75	5.72	5.69	5.66	5.63
5	6.61	5.79	5.41	5.19	5.05	4.95	4.88	4.82	4.77	4.74	4.68	4.62	4.56	4.53	4.50	4.46	4.43	4.40	4.36
6	5.99	5.14	4.76	4.53	4.39	4.28	4.21	4.15	4.10	4.06	4.00	3.94	3.87	3.84	3.81	3.77	3.74	3.70	3.67
7	5.59	4.74	4.35	4.12	3.97	3.87	3.79	3.73	3.68	3.64	3.57	3.51	3.44	3.41	3.38	3.34	3.30	3.27	3.23
8	5.32	4.46	4.07	3.84	3.69	3.58	3.50	3.44	3.39	3.35	3.28	3.22	3.15	3.12	3.08	3.04	3.01	2.97	2.93
9	5.12	4.26	3.86	3.63	3.48	3.37	3.29	3.23	3.18	3.14	3.07	3.01	2.94	2.90	2.86	2.83	2.79	2.75	2.71
10	4.96	4.10	3.71	3.48	3.33	3.22	3.14	3.07	3.02	2.98	2.91	2.85	2.77	2.74	2.70	2.66	2.62	2.58	2.54
11	4.84	3.98	3.59	3.36	3.20	3.09	3.01	2.95	2.90	2.85	2.79	2.72	2.65	2.61	2.57	2.53	2.49	2.45	2.40
12	4.75	3.89	3.49	3.26	3.11	3.00	2.91	2.85	2.80	2.75	2.69	2.62	2.54	2.51	2.47	2.43	2.38	2.34	2.30
13	4.67	3.81	3.41	3.18	3.03	2.92	2.83	2.77	2.71	2.67	2.60	2.53	2.46	2.42	2.38	2.34	2.30	2.25	2.21
14	4.60	3.74	3.34	3.11	2.96	2.85	2.76	2.70	2.65	2.60	2.53	2.46	2.39	2.35	2.31	2.27	2.22	2.18	2.13
15	4.54	3.68	3.29	3.06	2.90	2.79	2.71	2.64	2.59	2.54	2.48	2.40	2.33	2.29	2.25	2.20	2.16	2.11	2.07
16	4.49	3.63	3.24	3.01	2.85	2.74	2.66	2.59	2.54	2.49	2.42	2.35	2.28	2.24	2.19	2.15	2.11	2.06	2.01
17	4.45	3.59	3.20	2.96	2.81	2.70	2.61	2.55	2.49	2.45	2.38	2.31	2.23	2.19	2.15	2.10	2.06	2.01	1.96
18	4.41	3.55	3.16	2.93	2.77	2.66	2.58	2.51	2.46	2.41	2.34	2.27	2.19	2.15	2.11	2.06	2.02	1.97	1.92
19	4.38	3.52	3.13	2.90	2.74	2.63	2.54	2.48	2.42	2.38	2.31	2.23	2.16	2.11	2.07	2.03	1.98	1.93	1.88
20	4.35	3.49	3.10	2.87	2.71	2.60	2.51	2.45	2.39	2.35	2.28	2.20	2.12	2.08	2.04	1.99	1.95	1.90	1.84
21	4.32	3.47	3.07	2.84	2.68	2.57	2.49	2.42	2.37	2.32	2.25	2.18	2.10	2.05	2.01	1.96	1.92	1.87	1.81
22	4.30	3.44	3.05	2.82	2.66	2.55	2.46	2.40	2.34	2.30	2.23	2.15	2.07	2.03	1.98	1.94	1.89	1.84	1.78
23	4.28	3.42	3.03	2.80	2.64	2.53	2.44	2.37	2.32	2.27	2.20	2.13	2.05	2.01	1.96	1.91	1.86	1.81	1.76
24	4.26	3.40	3.01	2.78	2.62	2.51	2.42	2.36	2.30	2.25	2.18	2.11	2.03	1.98	1.94	1.89	1.84	1.79	1.73
25	4.24	3.39	2.99	2.76	2.60	2.49	2.40	2.34	2.28	2.24	2.16	2.09	2.01	1.96	1.92	1.87	1.82	1.77	1.71
26	4.23	3.37	2.98	2.74	2.59	2.47	2.39	2.32	2.27	2.22	2.15	2.07	1.99	1.95	1.90	1.85	1.80	1.75	1.69
27	4.21	3.35	2.96	2.73	2.57	2.46	2.37	2.31	2.25	2.20	2.13	2.06	1.97	1.93	1.88	1.84	1.79	1.73	1.67
28	4.20	3.34	2.95	2.71	2.56	2.45	2.36	2.29	2.24	2.19	2.12	2.04	1.96	1.91	1.87	1.82	1.77	1.71	1.65
29	4.18	3.33	2.93	2.70	2.55	2.43	2.35	2.28	2.22	2.18	2.10	2.03	1.94	1.90	1.85	1.81	1.75	1.70	1.64
30	4.17	3.32	2.92	2.69	2.53	2.42	2.33	2.27	2.21	2.16	2.09	2.01	1.93	1.89	1.84	1.79	1.74	1.68	1.62
40	4.08	3.23	2.84	2.61	2.45	2.34	2.25	2.18	2.12	2.08	2.00	1.92	1.84	1.79	1.74	1.69	1.64	1.58	1.51
60	4.00	3.15	2.76	2.53	2.37	2.25	2.17	2.10	2.04	1.99	1.92	1.84	1.75	1.70	1.65	1.59	1.53	1.47	1.39
120	3.92	3.07	2.68	2.45	2.29	2.18	2.09	2.02	1.96	1.91	1.83	1.75	1.66	1.61	1.55	1.50	1.43	1.35	1.25
∞	3.84	3.00	2.60	2.37	2.21	2.10	2.01	1.94	1.88	1.83	1.75	1.67	1.57	1.52	1.46	1.39	1.32	1.22	1.00

例 1．$\phi_1 = 9$，$\phi_2 = 10$ のとき，$F(9, 10 ; 0.05) = 3.02$ である。

例 2．$\phi_1 = 9$，$\phi_2 = 10$ のとき，$F(9, 10 ; 0.95) = 1/F(10, 9 ; 0.05) = 1/3.14 = 0.318$ である。

F分布表（上側 1%点） $F(\phi_1, \phi_2 ; 0.01)$

ϕ_2＼ϕ_1	1	2	3	4	5	6	7	8	9	10	12	15	20	24	30	40	60	120	∞
1	4052	4999	5404	5624	5764	5859	5928	5981	6022	6056	6107	6157	6209	6234	6260	6286	6313	6340	6366
2	98.5	99.0	99.2	99.2	99.3	99.3	99.4	99.4	99.4	99.4	99.4	99.4	99.4	99.5	99.5	99.5	99.5	99.5	99.5
3	34.1	30.8	29.5	28.7	28.2	27.9	27.7	27.5	27.3	27.2	27.1	26.9	26.7	26.6	26.5	26.4	26.3	26.2	26.1
4	21.2	18.0	16.7	16.0	15.5	15.2	15.0	14.8	14.7	14.5	14.4	14.2	14.0	13.9	13.8	13.7	13.7	13.6	13.5
5	16.3	13.3	12.1	11.4	11.0	10.7	10.5	10.3	10.2	10.1	9.89	9.72	9.55	9.47	9.38	9.29	9.20	9.11	9.02
6	13.7	10.9	9.78	9.15	8.75	8.47	8.26	8.10	7.98	7.87	7.72	7.56	7.40	7.31	7.23	7.14	7.06	6.97	6.88
7	12.2	9.55	8.45	7.85	7.46	7.19	6.99	6.84	6.72	6.62	6.47	6.31	6.16	6.07	5.99	5.91	5.82	5.74	5.65
8	11.3	8.65	7.59	7.01	6.63	6.37	6.18	6.03	5.91	5.81	5.67	5.52	5.36	5.28	5.20	5.12	5.03	4.95	4.86
9	10.6	8.02	6.99	6.42	6.06	5.80	5.61	5.47	5.35	5.26	5.11	4.96	4.81	4.73	4.65	4.57	4.48	4.40	4.31
10	10.0	7.56	6.55	5.99	5.64	5.39	5.20	5.06	4.94	4.85	4.71	4.56	4.41	4.33	4.25	4.17	4.08	4.00	3.91
11	9.65	7.21	6.22	5.67	5.32	5.07	4.89	4.74	4.63	4.54	4.40	4.25	4.10	4.02	3.94	3.86	3.78	3.69	3.60
12	9.33	6.93	5.95	5.41	5.06	4.82	4.64	4.50	4.39	4.30	4.16	4.01	3.86	3.78	3.70	3.62	3.54	3.45	3.36
13	9.07	6.70	5.74	5.21	4.86	4.62	4.44	4.30	4.19	4.10	3.96	3.82	3.66	3.59	3.51	3.43	3.34	3.25	3.17
14	8.86	6.51	5.56	5.04	4.69	4.46	4.28	4.14	4.03	3.94	3.80	3.66	3.51	3.43	3.35	3.27	3.18	3.09	3.00
15	8.68	6.36	5.42	4.89	4.56	4.32	4.14	4.00	3.89	3.80	3.67	3.52	3.37	3.29	3.21	3.13	3.05	2.96	2.87
16	8.53	6.23	5.29	4.77	4.44	4.20	4.03	3.89	3.78	3.69	3.55	3.41	3.26	3.18	3.10	3.02	2.93	2.84	2.75
17	8.40	6.11	5.19	4.67	4.34	4.10	3.93	3.79	3.68	3.59	3.46	3.31	3.16	3.08	3.00	2.92	2.83	2.75	2.65
18	8.29	6.01	5.09	4.58	4.25	4.01	3.84	3.71	3.60	3.51	3.37	3.23	3.08	3.00	2.92	2.84	2.75	2.66	2.57
19	8.18	5.93	5.01	4.50	4.17	3.94	3.77	3.63	3.52	3.43	3.30	3.15	3.00	2.92	2.84	2.76	2.67	2.58	2.49
20	8.10	5.85	4.94	4.43	4.10	3.87	3.70	3.56	3.46	3.37	3.23	3.09	2.94	2.86	2.78	2.69	2.61	2.52	2.42
21	8.02	5.78	4.87	4.37	4.04	3.81	3.64	3.51	3.40	3.31	3.17	3.03	2.88	2.80	2.72	2.64	2.55	2.46	2.36
22	7.95	5.72	4.82	4.31	3.99	3.76	3.59	3.45	3.35	3.26	3.12	2.98	2.83	2.75	2.67	2.58	2.50	2.40	2.31
23	7.88	5.66	4.76	4.26	3.94	3.71	3.54	3.41	3.30	3.21	3.07	2.93	2.78	2.70	2.62	2.54	2.45	2.35	2.26
24	7.82	5.61	4.72	4.22	3.90	3.67	3.50	3.36	3.26	3.17	3.03	2.89	2.74	2.66	2.58	2.49	2.40	2.31	2.21
25	7.77	5.57	4.68	4.18	3.85	3.63	3.46	3.32	3.22	3.13	2.99	2.85	2.70	2.62	2.54	2.45	2.36	2.27	2.17
26	7.72	5.53	4.64	4.14	3.82	3.59	3.42	3.29	3.18	3.09	2.96	2.81	2.66	2.58	2.50	2.42	2.33	2.23	2.13
27	7.68	5.49	4.60	4.11	3.78	3.56	3.39	3.26	3.15	3.06	2.93	2.78	2.63	2.55	2.47	2.38	2.29	2.20	2.10
28	7.64	5.45	4.57	4.07	3.75	3.53	3.36	3.23	3.12	3.03	2.90	2.75	2.60	2.52	2.44	2.35	2.26	2.17	2.06
29	7.60	5.42	4.54	4.04	3.73	3.50	3.33	3.20	3.09	3.00	2.87	2.73	2.57	2.49	2.41	2.33	2.23	2.14	2.03
30	7.56	5.39	4.51	4.02	3.70	3.47	3.30	3.17	3.07	2.98	2.84	2.70	2.55	2.47	2.39	2.30	2.21	2.11	2.01
40	7.31	5.18	4.31	3.83	3.51	3.29	3.12	2.99	2.89	2.80	2.66	2.52	2.37	2.29	2.20	2.11	2.02	1.92	1.80
60	7.08	4.98	4.13	3.65	3.34	3.12	2.95	2.82	2.72	2.63	2.50	2.35	2.20	2.12	2.03	1.94	1.84	1.73	1.60
120	6.85	4.79	3.95	3.48	3.17	2.96	2.79	2.66	2.56	2.47	2.34	2.19	2.03	1.95	1.86	1.76	1.66	1.53	1.38
∞	6.64	4.61	3.78	3.32	3.02	2.80	2.64	2.51	2.41	2.32	2.18	2.04	1.88	1.79	1.70	1.59	1.47	1.32	1.00

カイ二乗分布表

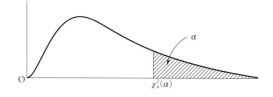

n \ α	0.995	0.990	0.975	0.950	0.050	0.025	0.010	0.005
1	3.927×10^{-5}	1.571×10^{-4}	9.821×10^{-4}	3.932×10^{-3}	3.8415	5.0239	6.6349	7.8794
2	0.0100	0.0201	0.0506	0.1026	5.9915	7.3778	9.2103	10.5966
3	0.0717	0.1148	0.2158	0.3518	7.8147	9.3484	11.3449	12.8382
4	0.2070	0.2971	0.4844	0.7107	9.4877	11.1433	13.2767	14.8603
5	0.4117	0.5543	0.8312	1.1455	11.0705	12.8325	15.0863	16.7496
6	0.6757	0.8721	1.2373	1.6354	12.5916	14.4494	16.8119	18.5476
7	0.9893	1.2390	1.6899	2.1673	14.0671	16.0128	18.4753	20.2777
8	1.3444	1.6465	2.1797	2.7326	15.5073	17.5345	20.0902	21.9550
9	1.7349	2.0879	2.7004	3.3251	16.9190	19.0228	21.6660	23.5894
10	2.1559	2.5582	3.2470	3.9403	18.3070	20.4832	23.2093	25.1882
11	2.6032	3.0535	3.8157	4.5748	19.6751	21.9200	24.7250	26.7568
12	3.0738	3.5706	4.4038	5.2260	21.0261	23.3367	26.2170	28.2995
13	3.5650	4.1069	5.0088	5.8919	22.3620	24.7356	27.6882	29.8195
14	4.0747	4.6604	5.6287	6.5706	23.6848	26.1189	29.1412	31.3193
15	4.6009	5.2293	6.2621	7.2609	24.9958	27.4884	30.5779	32.8013
16	5.1422	5.8122	6.9077	7.9616	26.2962	28.8454	31.9999	34.2672
17	5.6972	6.4078	7.5642	8.6718	27.5871	30.1910	33.4087	35.7185
18	6.2648	7.0149	8.2307	9.3905	28.8693	31.5264	34.8053	37.1565
19	6.8440	7.6327	8.9065	10.1170	30.1435	32.8523	36.1909	38.5823
20	7.4338	8.2604	9.5908	10.8508	31.4104	34.1696	37.5662	39.9968
21	8.0337	8.8972	10.2829	11.5913	32.6706	35.4789	38.9322	41.4011
22	8.6427	9.5425	10.9823	12.3380	33.9244	36.7807	40.2894	42.7957
23	9.2604	10.1957	11.6886	13.0905	35.1725	38.0756	41.6384	44.1813
24	9.8862	10.8564	12.4012	13.8484	36.4150	39.3641	42.9798	45.5585
25	10.5197	11.5240	13.1197	14.6114	37.6525	40.6465	44.3141	46.9279
26	11.1602	12.1981	13.8439	15.3792	38.8851	41.9232	45.6417	48.2899
27	11.8076	12.8785	14.5734	16.1514	40.1133	43.1945	46.9629	49.6449
28	12.4613	13.5647	15.3079	16.9279	41.3371	44.4608	48.2782	50.9934
29	13.1211	14.2565	16.0471	17.7084	42.5570	45.7223	49.5879	52.3356
30	13.7867	14.9535	16.7908	18.4927	43.7730	46.9792	50.8922	53.6720
40	20.7065	22.1643	24.4330	26.5093	55.7585	59.3417	63.6907	66.7660
50	27.9907	29.7067	32.3574	34.7643	67.5048	71.4202	76.1539	79.4900
60	35.5345	37.4849	40.4817	43.1880	79.0819	83.2977	88.3794	91.9517
70	43.2752	45.4417	48.7576	51.7393	90.5312	95.0232	100.4252	104.2149
80	51.1719	53.5401	57.1532	60.3915	101.8795	106.6286	112.3288	116.3211

q 分布表（5％水準）

df \ k	2	3	4	5	6	7	8	9	10
1	18.00	27.00	32.80	37.10	40.40	43.10	45.40	47.40	49.10
2	6.09	8.30	9.80	10.90	11.70	12.40	13.00	13.50	15.00
3	4.50	5.91	6.82	7.50	8.04	8.48	8.85	9.18	9.46
4	3.93	5.04	5.76	6.29	6.71	7.05	7.35	7.60	7.83
5	3.64	4.60	5.22	5.67	6.03	6.33	6.58	6.80	6.99
6	3.46	4.34	4.90	5.31	5.63	5.89	6.12	6.32	6.49
7	3.34	4.16	4.68	5.06	5.36	5.61	5.82	6.00	6.16
8	3.26	4.04	4.53	4.89	5.17	5.40	5.60	5.77	5.92
9	3.20	3.95	4.42	4.76	5.02	5.24	5.43	5.60	5.74
10	3.15	3.88	4.33	4.65	4.91	5.12	5.30	5.46	5.60
11	3.11	3.82	4.26	4.57	4.82	5.03	5.20	5.35	5.49
12	3.08	3.77	4.20	4.51	4.75	4.95	5.12	5.27	5.40
13	3.06	3.73	4.15	4.45	4.69	4.88	5.05	5.19	5.32
14	3.03	3.70	4.11	4.41	4.64	4.83	4.99	5.13	5.25
15	3.01	3.67	4.08	4.37	4.60	4.78	4.94	5.08	5.20
16	3.00	3.65	4.05	4.33	4.56	4.74	4.90	5.03	5.15
17	2.98	3.63	4.02	4.30	4.52	4.71	4.86	4.99	5.11
18	2.97	3.61	4.00	4.28	4.49	4.67	4.82	4.96	5.07
19	2.96	3.59	3.98	4.25	4.47	4.65	4.79	4.92	5.04
20	2.95	3.58	3.96	4.23	4.45	4.62	4.77	4.90	5.01
24	2.92	3.53	3.90	4.17	4.37	4.54	4.68	4.81	4.92
30	2.89	3.49	3.84	4.10	4.30	4.46	4.60	4.72	4.83
40	2.86	3.44	3.79	4.04	4.23	4.39	4.52	4.63	4.74
60	2.83	3.40	3.74	3.98	4.16	4.31	4.44	4.55	4.65
120	2.80	3.36	3.69	3.92	4.10	4.24	4.36	4.48	4.56
∞	2.77	3.31	3.63	3.86	4.03	4.17	4.29	4.39	4.47

（注）k は比較する平均の総数，df は残差の自由度。

●本書の関連データが web サイトからダウンロードできます。

https://www.jikkyo.co.jp/download/ で

「基礎から学ぶやさしい心理統計」を検索してください。

提供データ：本文中で使用している Excel データなど

■監修・編修

みわさとし
三輪哲　　　東京大学 教授（第 2, 9 章, コラム 5, 12, 13）

■執筆

あさいけいご
浅井継悟　　北海道教育大学 准教授（第 5 章, コラム 6, 7, 8, 9）

こいわこうへい
小岩広平　　北海道教育大学 准教授（第 6 章, コラム 10, 11）

たかぎげん
高木源　　　東北福祉大学 講師（第 1, 4 章, コラム 1, 4）

たなかあかね
田中茜　　　東北文化学園大学 助教（第 8 章）

ふじかけゆき
藤掛友希　　駿河台大学 助教（第 3 章, コラム 3）

ほしなゆみ
星名由美　　埼玉大学 STEM 教育研究センター研究員
　　　　　　日本女子大学 / 埼玉大学 非常勤講師（第 7 章）

■協力

くりやまなおこ
栗山直子　　東京工業大学 助教
　　　　　　（コラム 2, 14）

てらおあつし
寺尾敦　　　青山学院大学 教授

とよだしゅういち
豊田修一　　上武大学 教授

わたなべゆうき
渡辺雄貴　　東京理科大学 教授

（　）内は執筆した箇所を示す。

●表紙デザイン──エッジ・デザインオフィス
●本文基本デザイン──真先デザイン室
●組版データ作成──㈱四国写研

2024年3月31日　初版第 1 刷発行

基礎から学ぶ
やさしい心理統計

●著作者　　三輪哲　ほか
●発行者　　小田良次
●印刷所　　大日本法令印刷株式会社

無断複写・転載を禁ず

●発行所　　実教出版株式会社
〒102-8377
東京都千代田区五番町 5 番地
電話 ［営　　業］（03）3238-7765
　　 ［企画開発］（03）3238-7751
　　 ［総　　務］（03）3238-7700
https://www.jikkyo.co.jp/

ISBN　978-4-407-36467-5　C3011
Printed in Japan